ACADÉMIE DE MÉDECINE

RAPPORT GÉNÉRAL

SUR

LES ÉPIDÉMIES

PENDANT L'ANNÉE 1903

RAPPORT GÉNÉRAL

A M. LE PRÉSIDENT DU CONSEIL, MINISTRE DE L'INTÉRIEUR,

SUR

LES ÉPIDÉMIES

qui ont régné en France pendant l'année 1903,

FAIT AU NOM

DE LA COMMISSION PERMANENTE DES ÉPIDÉMIES DE L'ACADÉMIE DE MÉDECINE

PAR

M. le Dr KERMORGANT,

RAPPORTEUR

MELUN

IMPRIMERIE ADMINISTRATIVE

1905

RAPPORT GÉNÉRAL

A M. LE PRÉSIDENT DU CONSEIL, MINISTRE DE L'INTÉRIEUR,

SUR

LES ÉPIDÉMIES

qui ont régné en France pendant l'année 1903,

FAIT AU NOM

DE LA COMMISSION PERMANENTE DES ÉPIDÉMIES DE L'ACADÉMIE DE MÉDECINE

PAR

M. le Dr KERMORGANT, ***rapporteur.***

MONSIEUR LE MINISTRE,

Les documents qui m'ont été communiqués pour établir le rapport général sur les épidémies qui ont régné en France pendant l'année 1903, comprennent des relevés statistiques dressés par l'administration préfectorale et des rapports émanant des médecins des épidémies.

J'ai le regret de porter à votre connaissance, dès le début de mon rapport, que les uns et les autres sont des plus incomplets et qu'il me sera par suite impossible de vous adresser un travail d'ensemble ayant quelque valeur au point de vue statistique, attendu que tous les départements ne procèdent pas de la même façon pour dresser les tableaux indispensables pour fournir un travail de ce genre.

D'autre part, les médecins des épidémies signalent parfois le nombre de cas d'une maladie sans indiquer les décès qu'elle a occasionnés, ou inversement, mentionnent le nombre des décès sans indiquer le nombre des atteintes. Enfin, l'on voit figurer trop souvent les mentions ci-après : *quelques cas, cas nombreux, nombre indéterminé*, insuffisantes pour éclairer l'administration sur l'état sanitaire de nos départements.

On ne saurait cependant en faire un reproche aux médecins des épidémies qui sont eux-mêmes, la plupart du temps, très peu renseignés par leurs confrères ou par les autorités municipales sur ce qui se passe dans les localités qu'ils ont mission de surveiller au point de vue épidémique. Il suffira pour s'en convaincre de jeter un coup d'œil sur le résumé sanitaire de chaque département, qui suit et dans lequel j'ai mentionné au fur et à mesure, les plaintes formulées à ce sujet par les médecins chargés de centraliser les services des épidémies dans chaque arrondissement.

Les déclarations des maladies épidémiques ou contagieuses ne sont pas faites le plus souvent, ou le sont d'une manière très irrégulière ; c'est ainsi que dans l'arrondissement de Toulon (Var), par exemple, on relève plus de décès par maladies contagieuses que de cas déclarés, et il en est de même dans bien d'autres arrondissements. Les médecins des épidémies de deux départements signalent cependant que les déclarations sont plus nombreuses depuis que l'administration a autorisé, pour ce faire, l'emploi de cartes-lettres ; cette innovation est en effet très heureuse et met les intéressés à l'abri de certaines indiscrétions, aussi faut-il espérer la voir porter peu à peu ses fruits.

Les motifs mis en avant pour la non-déclaration des maladies sont de deux ordres. Quelques médecins invoquent le secret professionnel, alléguant qu'ils n'ont pas le droit de mettre à l'index une maison de commerce par exemple, qui, par suite de la déclaration d'une maladie contagieuse survenue chez elle, sera désertée par sa clientèle habituelle, au grand profit d'une maison rivale.

D'autres confrères exerçant dans de petites villes ou à la campagne, se plaçant à un autre point de vue, jugent absolument inutile de déclarer les maladies contagieuses, alors que l'on ne possède aucun moyen de procéder à des désinfections.

Il y a là une situation grosse de dangers et le meilleur moyen d'y remédier, serait évidemment d'obliger les chefs de famille à faire eux-mêmes la déclaration des maladies contagieuses.

Sur les 86 départements, 9 n'ont adressé aucun renseignement sur les maladies épidémiques observées en 1903; ce sont les départements des Alpes-Maritimes, des Hautes-Alpes, de la Corse, de l'Isère, de la Loire, du

Morbihan, des Hautes-Pyrénées, de la Seine et de Seine-et-Oise.

Les autres départements n'ont fourni, pour la plupart, que des documents très incomplets, aussi me suis-je borné à résumer de mon mieux leur situation sanitaire en 1903.

Outre les documents administratifs, l'Académie a reçu plusieurs travaux intéressants qui lui ont été adressés par leurs auteurs pour concourir aux récompenses décernées chaque année aux mémoires relatifs aux épidémies qui ont sévi dans la métropole et aux colonies.

Au moment où, de toutes parts, l'on se préoccupe, avec juste raison, de la dépopulation en France, il est absolument indispensable de l'enrayer par tous les moyens possibles et, dans la circonstance, une des premières mesures à prendre est certainement de mettre tout en œuvre pour s'opposer à la propagation des maladies épidémiques qui sont pour la plupart évitables. Or, le meilleur moyen d'atteindre ce but, n'est-il pas de stimuler le zèle des médecins qui se consacrent à cette œuvre d'un intérêt si capital pour notre avenir national, en leur attribuant des récompenses en rapport avec leurs efforts.

Aussi l'Académie ne saurait-elle trop insister, Monsieur le Ministre, pour que vous réserviez des croix de la Légion d'Honneur pour les médecins qui ont rendu des services au cours des épidémies et qui ont épuisé la liste des récompenses académiques.

Le rapport qui suit comprend quatre parties.

La première est consacrée à la relation succincte de l'état sanitaire de chaque département en 1903.

La deuxième n'est que le résumé des maladies épidémiques et contagieuses qui ont sévi dans toute la France avec l'indication des départements qui ont été plus particulièrement éprouvés.

Dans la troisième, j'ai analysé succinctement les différents travaux relatifs aux épidémies qui n'ont pu trouver place dans la première partie et qui avaient été adressés à l'Académie, en vue de concourir pour les récompenses qu'elle décerne chaque année à ce genre d'études.

La quatrième partie comprend la liste des récompenses que l'Académie vous propose d'attribuer aux auteurs des meilleurs travaux sur les épidémies qui ont régné en France et aux colonies.

PREMIÈRE PARTIE

Situation sanitaire des différents départements en 1903.

Ain. — Le médecin des épidémies de ce département déclare tout d'abord qu'il ne lui a pas été possible de répondre au questionnaire dressé par l'administration, au moins pour certains cantons.

Les maladies épidémiques et contagieuses signalées sont : un cas de *choléra nostras* chez un adulte dans la ville de Bourg, un cas de *croup* suivi de décès, quelques cas de *fièvre typhoïde* : plusieurs communes ont été touchées par la *rougeole* ; quelques cas de *scarlatine* : enfin la *variole* a fait son apparition à Nantua, mais elle a été vite réprimée par des vaccinations et des revaccinations intensives.

La *tuberculose*, favorisée par l'alcoolisme et la malpropreté, continue ses ravages dans le département.

Aisne. — Le dépouillement du dossier des épidémies de ce département donne les résultats ci-après (voir tab. page suiv.).

La fièvre typhoïde, peu fréquente dans ce département, est d'origine hydrique, l'eau d'alimentation provenant, dans les communes visitées par cette maladie, de puits souillés par les eaux de surface qui entraînent avec elles, lors des pluies, une foule d'impuretés.

MALADIES OBSERVÉES	NOMBRE	
	DES CAS	DES DÉCÈS
Coqueluche	84	2
Diphtérie	82	11
Fièvre typhoïde	27	6
Oreillons	358	»
Rougeole	186	1
Scarlatine	120	3
Variole	32	3

Allier. — Dans ce département, en regard des maladies signalées, figure souvent la mention ci-après : « les cas ont été excessivement nombreux, mais il a été impossible d'en fixer le nombre, les médecins n'étant pas appelés près des malades ou ne l'étant le plus souvent que dans des cas excessivement graves. »

Les principales affections qui ont régné sont les suivantes :

MALADIES OBSERVÉES	NOMBRE	
	DES CAS	DES DÉCÈS
Diphtérie	46	16
Diarrhée infantile	8	2
Dysenterie	23	»
Fièvre typhoïde	100	9
Variole	89	6

Il faut encore citer la *grippe* qui a sévi avec intensité dans l'arrondissement de Montluçon, les *oreillons* observés dans plusieurs écoles, la *rougeole* et la *scarlatine*.

Ardèche. — Ce département n'a fait parvenir que des tableaux sans aucune explication; le chiffre de la mortalité par maladies épidémiques a été cependant assez chargé ainsi que l'on en peut juger par le tableau ci-après :

MALADIES OBSERVÉES	NOMBRE	
	DES CAS	DES DÉCÈS
Diphtérie	133	39
Dysenterie	95	23
Fièvre typhoïde	281	55
Scarlatine	93	5
Variole	164	24

Ardennes. — Les renseignements adressés par ce département ne sont pas très complets; on signale l'existence, presque en permanence, de la *diphtérie* qui cause un grand nombre de décès, les médecins étant appelés trop tard.

La *fièvre typhoïde*, assez commune, serait due à la mauvaise qualité des eaux d'alimentation qui sont polluées.

La *grippe* fait sa réapparition tous les ans, à la fin de l'hiver.

La *variole* a été signalée dans l'arrondissement de Rethel.

Ariège. — Dans les documents fournis par ce département, on relève 15 cas de *diphtérie* suivis de 7 décès, 56 cas de *fièvre typhoïde*, n'ayant occasionné aucun décès et quelques cas de *variole* importés.

La *grippe*, qui apparaît annuellement, semble diminuer de gravité.

On signale enfin une épidémie de *rougeole* qui a sévi, à la fin de 1903, dans l'arrondissement de Foix; le nombre des atteintes a été considérable, mais toutes ont été bénignes.

Aube. — Les médecins de ce département se plaignent de la non-déclaration des maladies épidémiques et des états « néant » qui leur sont adressés, alors qu'il est certain que des affections contagieuses ont régné dans la région. Il ressort en tout cas des documents officiels les renseignements suivants:

MALADIES OBSERVÉES	NOMBRE	
	DES CAS	DES DÉCÈS
Coqueluche	316	2
Diphtérie	37	3
Fièvre typhoïde	15	3
Oreillons	81	»
Rougeole	1.091	3
Scarlatine	11	»
Varicelle	10	»
Variole	27	»

Aude. — Les maladies épidémiques ou contagieuses signalées en 1903 par ce département sont résumées dans le tableau ci-contre.

La *fièvre typhoïde* est, dans le plus grand nombre des cas, mise sur le compte de la mauvaise qualité des eaux. Quant à la *variole*, elle aurait été importée.

MALADIES OBSERVÉES	NOMBRE	
	DES CAS	DES DÉCÈS
Diphtérie	15	2
Fièvre typhoïde	72	24
Scarlatine	2	»
Variole	25	5

Aveyron. — Dans ce département, on ne signale d'épidémies que dans les trois arrondissements d'Espalion, de Saint-Affrique et de Villefranche; les affections mentionnées sont les suivantes:

MALADIES OBSERVÉES	NOMBRE	
	DES CAS	DES DÉCÈS
Diphtérie	3	»
Fièvre typhoïde	6	1
Rougeole	19	1
Scarlatine	27	1
Variole	35	9

Basses-Alpes. — Les maladies signalées ont été les suivantes:

La *coqueluche* a atteint 184 enfants et a occasionné 6 décès.

La *fièvre typhoïde* figure pour 22 cas suivis de 2 décès.

La *rougeole* a sévi à l'état bénin: 129 cas, 1 décès.

La *variole*: sur 48 personnes atteintes de cette affection 6 ont succombé.

Bouches-du-Rhône. — Les maladies épidémiques et contagieuses signalées dans les trois arrondissements de ce département sont: la *diphtérie*, la *fièvre typhoïde*, la *grippe* et la *variole*.

Nous avons le regret de constater que la *fièvre typhoïde* est endémique à Marseille, et qu'elle a occasionné 194 décès (enregistrés) répartis dans tous les quartiers et à peu près également à toutes les époques de l'année, avec une diminution toutefois en mars, avril et mai. Dans les hôpitaux, on a soigné 274 cas d'infection typhique dont 192 à la Conception avec 37 décès, ce qui prouve que la maladie a revêtu une forme assez grave, la mortalité ayant dépassé 19 p. 100.

D'après les renseignements fournis, la permanence de la *fièvre typhoïde* à Marseille, provient certainement de l'eau d'alimentation qui est polluée à son entrée dans la ville. Il existe un autre fléau à Marseille, qui devrait disparaître: je veux parler de la *variole*; n'est-il pas pénible, en effet, de constater qu'en 1903, la statistique municipale mentionne encore 1.141 décès par suite de *petite vérole*. A l'hôpital on a constaté 1.201 cas, dont 14 intérieurs, avec 258 décès. Les vaccinations sont cependant multipliées dans la ville et la banlieue.

Dans les arrondissements d'Aix et d'Arles, ce sont également la *fièvre typhoïde* et la *variole* qui dominent la scène.

Enfin il nous faut signaler la petite épidémie de *peste* constatée à Marseille en septembre 1903 et sur laquelle l'administration n'a fourni aucun renseignement. Ceux que nous transcrivons ici ont été adressés à l'Académie par MM. les Drs L. d'Astras, professeur à l'école de médecine et Grimaldi de Sansonnetti.

L'épidémie a éclaté dans la banlieue est de Marseille, à plus de 4 kilomètres des ports, parmi les ouvriers et ouvrières d'une usine à cartonnerie. A la fin d'août et au commencement de septembre, on constata chez quelques-uns de ces ouvriers des maladies mal caractérisées auxquelles ils succombèrent. La première personne atteinte fut une trieuse de papiers qui fut prise de gastro-entérite et mourut 4 jours après, sans avoir présenté, semble-t-il, ni ganglions tuméfiés, ni symptômes pulmonaires. Quelques jours après, une autre trieuse de papiers, visitée par M. le Dr Grimaldi de Sansonnetti, tombée malade le 28 août, présenta des symptômes très nets de pneumonie infectieuse, avec crachats sanguinolents, et succomba le 3 septembre. Un conducteur de machine, qui ne fut visité par aucun médecin, fut pris le 1er septembre de troubles gastro-intestinaux que l'on mit sur le compte d'une indigestion; mais on sut plus tard qu'il se plaignait également d'un gonflement au haut de la cuisse; il mourut le 4 septembre. Le même jour 2 femmes, toutes deux cousines et trieuses de papiers, demeurant au voisinage de l'usine dans la même chambre, tombent malades: elles sont prises de frissons, de malaise général; leur température atteint 40° et 41°. Le lendemain douleur à l'aine, développement d'un bubon, sans lésion des membres ni des organes génitaux. En présence de ces deux cas, le Dr Grimaldi fait la demande de sérum antipesteux et prévient les autorités sanitaires. Les examens bactériologiques auxquels on procéda immédiatement firent reconnaître la présence du *bacille de Yersin* dans les prises de sérosité faites autour des bubons.

Tous les ouvriers de l'usine furent alors soumis à une inspection médicale, pendant que l'administration prenait ses dispositions pour recevoir à l'hôpital Salvator, encore inoccupé, les malades et les suspects. L'inspection fit découvrir un certain nombre de malades qui étaient tous, soit des ouvriers de l'usine, soit des membres de leur famille. Tous les malades, sauf une femme tenue en observation chez elle, furent transportés à l'hôpital. Les parents et les personnes qui avaient été en contact avec eux furent transportés, au nombre d'une trentaine environ, dans la ferme de l'hôpital Salvator et injectés préventivement. Aucun cas de peste ne se déclara parmi eux.

Tout le personnel valide de l'usine, les membres de leur famille, les personnes habitant la même maison que les malades ou dans leur voisinage immédiat, le personnel médical et administratif, les désinfecteurs, ont été également injectés préventivement.

Tels sont les moyens prophylactiques employés vis-à-vis des personnes. Quant aux locaux contaminés, ils furent désinfectés et ne furent ouverts que plusieurs semaines après. L'usine fut également soumise à la désinfection et prit feu au cours des opérations.

Le bilan de cette petite épidémie se résume par 18 cas de peste de forme et de gravité très variées, suivis de 5 décès. Elle a pu être vite enrayée, grâce aux mesures énergiques prises dès le début. Quand on se trouve en présence de la peste, il faut en effet agir vite et savoir prendre des mesures radicales.

Calvados. — Les maladies épidémiques qui ont régné en 1903 dans ce département ont été les suivantes :

MALADIES OBSERVÉES	NOMBRE	
	DES CAS	DES DÉCÈS
Coqueluche	71	»
Diphtérie	12	2
Fièvre typhoïde	55	15
Grippe	27	»
Oreillons	85	»
Rougeole	427	9
Varicelle ou varioloïde	32	»
Scarlatine	11	»

CANTAL. — Les renseignements adressés par ce département ont été résumés dans des tableaux fort incomplets desquels il ressort qu'en 1903, on a observé : 49 cas de *diphtérie* suivis de 10 décès, 4 cas de *fièvre typhoïde*, 339 cas de *rougeole*, 1 cas de *scarlatine* et 3 cas de *variole* ayant entraîné 1 décès.

CHARENTE. — Il n'y a pas eu d'épidémies graves dans ce département en 1903 ; cependant d'assez nombreux cas de *fièvre typhoïde* ont été signalés en novembre et en décembre. Tels sont, dans leur concision, les renseignements fournis sur les maladies observées.

CHARENTE-INFÉRIEURE. — Les maladies épidémiques signalées sont consignées dans le tableau ci-après :

MALADIES OBSERVÉES	NOMBRE	
	DES CAS	DES DÉCÈS
Coqueluche	114	»
Diarrhée cholériforme	28	»
Diphtérie	16	3
Dysenterie	19	1
Fièvre typhoïde	100	28
Grippe	308	»
Oreillons	180	»
Rougeole	105	»
Scarlatine	129	1
Varicelle	70	»
Variole	39	»

La *fièvre typhoïde* est attribuée à la mauvaise qualité des eaux d'alimentation.

Cher. — Les maladies épidémiques plus particulièrement signalées dans ce département sont : la *diphtérie*, la *fièvre typhoïde*, la *scarlatine* et la *variole*.

MALADIES OBSERVÉES	NOMBRE	
	DES CAS	DES DÉCÈS
Diphtérie	54	9
Fièvre typhoïde	127	22
Rougeole	33	»
Scarlatine	215	5
Variole	18	»

Corrèze. — Les médecins des épidémies de ce département se plaignent, comme un grand nombre de leurs confrères des autres départements, que le service des épidémies laisse à désirer au point de vue de son organisation, plusieurs médecins se dispensant de faire les déclarations des maladies épidémiques et contagieuses.

Les affections épidémiques qui ont sévi dans la Corrèze sont : la *coqueluche*, quelques cas de *diphtérie*, la *fièvre typhoïde* et la *rougeole*.

Il s'est passé pour la ville de Brive, à propos de la *fièvre typhoïde*, un fait qui mérite d'être signalé. Depuis le mois de juillet 1900, époque qui a coïncidé avec la captation des eaux de la Doux pour l'alimentation de la ville, qui consommait auparavant les eaux de la Corrèze, la morbidité et la mortalité par *fièvre typhoïde* avaient sensiblement diminué jusqu'à cette année. Or, en 1903, l'on a constaté une recrudescence due, d'après l'enquête faite, à ce qu'un grand nombre d'habitants qui ne buvaient que l'eau de la Doux, se sont mis de nouveau à consommer l'eau de la Corrèze, sous prétexte que la première était trop calcaire.

Il faut aussi ajouter que les maraîchers de Brive ont, comme tant d'autres, la malheureuse habitude d'arroser leurs légumes avec des matières fécales délayées.

CÔTE-D'OR. — L'état sanitaire de ce département a été bon au cours de l'année 1903. Une légère épidémie de *variole* s'est déclarée à Dijon vers la fin de l'année et a continué à sévir au début de 1904, sans présenter aucun caractère de gravité, grâce aux mesures prophylactiques prises dès le début. A signaler également les ravages faits par la *tuberculose* qui a occasionné 502 décès (chiffre des cas déclarés).

Les maladies épidémiques et contagieuses qui ont régné sont résumées dans le tableau ci-dessous :

MALADIES OBSERVÉES	NOMBRE	
	DES CAS	DES DÉCÈS
Coqueluche	2	»
Diphtérie	29	26
Dysenterie	2	»
Fièvre typhoïde	21	10
Rougeole	7 (sign.)	14 (enreg.)
Scarlatine	11	4
Tuberculose	»	502
Variole	18	6

Côtes-du-Nord. — Ce département a été très éprouvé pendant l'année 1903 ; tous les arrondissements, à part celui de Lannion qui a fourni un état : « Néant », ont été visités par des épidémies.

Dans l'arrondissement de Saint-Brieuc, les maladies épidémiques observées ont été : la *coqueluche*, la *fièvre typhoïde*, les *oreillons*, la *pelade* dans les écoles, la *rougeole* et quelques cas de *variole* qui ont occasionné des décès dans un grand nombre de communes.

Dans les autres arrondissements, ce sont les mêmes affections qui sont signalées, sauf les *oreillons* et la *pelade* qui n'ont pas été mentionnés.

A noter la rareté de la *diphtérie* et 1 cas de choléra mortel à Guingamp.

La *fièvre typhoïde*, pour laquelle on compte 143 cas suivis de 20 décès, a été mise sur le compte de la pollution des eaux souillées par l'abondance des pluies qui entraînent dans le sol toutes les impuretés de la surface et des fumiers.

D'après le médecin de l'arrondissement de Dinan, le service des épidémies est extrêmement difficile par suite du nombre restreint des déclarations.

Creuse. — Ce département, qui comprend quatre arrondissements n'a adressé de renseignements que pour deux d'entre eux : Aubusson et Bourganeuf, dans lesquels on signale : 19 cas de *diphtérie* suivis de 5 décès, 14 cas de *fièvre typhoïde* dont 3 mortels et 6 cas de *scarlatine* ayant entraîné 1 décès.

Les cas de *fièvre typhoïde* sont attribués à la consommation d'eau provenant de puits contaminés, l'un par une fosse d'aisance non étanche, l'autre par des déjections de toutes sortes.

Dordogne. — Sur les cinq arrondissements de ce département, deux d'entre eux : Bergerac et Périgueux ont fourni des états

« Néant » ; des trois autres arrondissements, c'est celui de Nontron qui a été le plus éprouvé. Le bilan des maladies épidémiques observées est résumé dans le tableau ci-dessous :

MALADIES OBSERVÉES	NOMBRE	
	DES CAS	DES DÉCÈS
Diphtérie	30	5
Fièvre typhoïde	103	14
Grippe	2	»
Oreillons	84	»
Rougeole	825	8
Scarlatine	5	»

La mauvaise qualité des eaux est signalée comme cause de la fièvre typhoïde.

Doubs. — Les maladies épidémiques et contagieuses qui ont sévi dans ce département sont : la *coqueluche*, la *diphtérie*, la *fièvre typhoïde*, la *rougeole* et la *scarlatine*.

On relève dans les statistiques 42 cas de *diphtérie* suivis de 6 décès, dont presque tous pour l'arrondissement de Montbéliard.

La *fièvre typhoïde* mérite une mention spéciale : on en compte 215 cas ayant occasionné 27 décès : elle a régné à l'état épidémique dans la ville de Besançon, qui figure dans ce chiffre pour 190 cas et 22 décès, dont 134 suivis de 18 morts dans la population civile et 56 avec 4 décès dans l'élément militaire.

Cette épidémie, comme celle de 1901, est due à la contamination des cours d'eau par les vidanges qui sont jetées presque exclusivement sur les fumiers et dans les ruisseaux.

Drôme. — Les épidémies observées dans ce département ont été occasionnées par les maladies ci-dessous indiquées :

MALADIES OBSERVÉES	NOMBRE	
	DES CAS	DES DÉCÈS
Coqueluche (uniquement dans l'arrondissement de Nyons)	105	1
Diphtérie	132	21
Dysenterie	5	»
Fièvre typhoïde	96	2
Rougeole	59	»
Scarlatine	75	1
Varicelle	33	»
Variole	119	1

L'eau est souvent accusée d'avoir occasionné la *fièvre typhoïde* : dans bien des cas cependant, il a été impossible d'en déterminer la cause.

Eure. — Le préfet de ce département n'a adressé de renseignements que pour les trois arrondissements des Andelys, Évreux et Louviers, aucune maladie épidémique n'ayant régné dans les deux autres.

Si l'on s'en rapporte aux documents fournis par les médecins des épidémies, l'état sanitaire du département de l'Eure n'aurait rien laissé à désirer en 1903. On ne signale en effet que 12 cas de *variole* à Henqueville (arrondissement des Andelys) et ce serait la seule épidémie observée dans l'arrondissement : toutefois, le médecin chargé de ce service ajoute qu'il ne peut pas affirmer qu'il n'y en a pas eu d'autres, attendu, dit-il, que ses confrères, pour des raisons diverses, ne font pas encore les déclarations.

Dans la commune de Francheville (arrondissement d'Évreux), on mentionne 6 à 7 cas de *diphtérie* et 2 foyers de *fièvre typhoïde* (épidémies de maisons) ; 4 cas et 7 cas dans les communes de Saint-Julien-de-Liègue et de Houdouville (arrondissement de Louviers).

Eure-et-Loir. — Les arrondissements de Dreux et de Nogent-le-Rotrou ont été indemnes de toute épidémie ; dans celui de Chartres, on signale : 6 cas de *diphtérie* et 13 cas de *scarlatine*. Dans l'arrondissement de Châteaudun, 17 cas de *diphtérie* ont été déclarés.

Finistère. — L'état sanitaire de ce département n'a pas été brillant en 1903 ; la *dysenterie* qui l'avait ravagé les années précédentes ne figure cependant que pour quelques cas dans les statistiques.

Les maladies qui ont revêtu la forme épidémique sont : la *coqueluche*, la *diphtérie*, la *fièvre typhoïde*, la *rougeole*, la *scarlatine* et la *variole*.

Les cas déclarés de ces différentes affections sont loin de représenter les chiffres réels qui ont existé, les médecins des épidémies se plaignant, là comme partout, de l'insuffisance des déclarations.

Le Dr Colin qui a fourni un excellent rapport sur les épidémies qui ont régné dans l'arrondissement de Quimper, constate cependant que les déclarations sont plus nombreuses depuis qu'on peut les faire par cartes fermées.

La maladie épidémique qui sévit le plus dans les villes et les campagnes du Finistère, par suite de la pollution des eaux d'alimentation, est la *fièvre typhoïde*. On en a constaté 389 cas à Brest suivis de 95 décès. L'arrondissement de Quimper en signale 46 cas ; celui de Morlaix n'en est pas exempt, mais on ne donne pour lui aucune indication ; même observation pour celui de Châteaulin.

Après la *fièvre typhoïde* vient la *variole*, avec 352 cas et 60 décès dans l'arrondissement de Brest, 70 cas dans celui de Quimper, 93 cas et 5 décès à Roscoff.

La *diphtérie*, la *rougeole*, la *scarlatine*, sont signalées un peu partout, mais le nombre des cas est resté ignoré, faute de déclarations.

Gard. — Les maladies épidémiques, qui ont fait l'objet d'une déclaration dans ce département, sont les suivantes :

MALADIES OBSERVÉES	NOMBRE	
	DES CAS	DES DÉCÈS
Coqueluche	99	3
Diphtérie	81	11
Fièvre typhoïde	220	31
Grippe	380	18
Rougeole	172	3
Scarlatine	28	1
Varicelle et varioloïde	20	»
Variole	856	115

Les cas de *variole* ont été, comme on en peut juger, excessivement nombreux, ainsi que les décès causés par cette maladie, par suite de l'insouciance des habitants qui négligent de recourir à la vaccination. 482 cas sont à mettre au compte de l'arrondissement de Nîmes et 362 à celui d'Alais.

GERS. — D'après les renseignements, très incomplets il est vrai, fournis par ce département, l'état sanitaire semble avoir été satisfaisant.

Les maladies épidémiques signalées sont : la *coqueluche*, la *diphtérie*, la *fièvre typhoïde*, la *grippe*, les *oreillons*, la *rougeole*, la *scarlatine* et la *variole*.

Les seules de ces affections qui méritent une mention spéciale à cause du nombre des atteints sont :

1° La *fièvre typhoïde* qui a été observée dans 22 communes, 113 cas suivis de 14 décès ont été constatés ; la pollution des eaux de source et des puits a été invoquée pour expliquer l'origine de l'épidémie.

2° La *grippe* dont on a enregistré 665 cas et 39 décès.

3° La *variole* dont 25 cas seulement, suivis de 5 décès, ont été signalés ; la maladie qui a occasionné certainement un plus grand nombre d'atteintes a été importée par un ouvrier espagnol travaillant aux chantiers du chemin de fer en construction à Duran. La contagion a été rapide et les cas observés à Auch se sont déclarés parmi des ouvriers de Duran ou parmi des membres de leur famille qu'ils avaient contaminés.

4° La *rougeole*, qui a été bénigne, a surtout sévi dans l'arrondissement de Mirande.

5° La *scarlatine* a été observée dans les arrondissements d'Auch et de Lectoure.

Il faut noter que la *diphtérie* est en décroissance marquée depuis plusieurs années; en 1903, il n'en a été signalé que 3 cas dans le département.

GIRONDE. — Le médecin des épidémies de ce département s'exprime ainsi au début de son rapport : « Plus encore que les années précédentes, les documents me font défaut pour présenter un tableau approximatif des maladies épidémiques qui ont régné dans le département. La diminution, par le conseil général, du crédit affecté à ces services, m'a mis dans l'impossibilité d'envoyer aux différents médecins de la Gironde les lettres qui nous apportaient quelques renseignements à ce sujet. »

Les maladies épidémiques qui ont régné à Bordeaux et dans les environs, seules localités pour lesquelles l'on possède des renseignements, ont été : la *coqueluche*, la *diphtérie*, la *grippe*, la *rougeole*, la *scarlatine*, la *fièvre typhoïde* et la *variole*.

Les renseignements fournis sur le nombre des cas de ces différentes affections et sur les décès qu'elles ont occasionnés, sont souvent contradictoires. Alors que les déclarations des maladies contagieuses n'indiquent qu'un chiffre très faible dans les campagnes, les médecins chargés du service des épidémies en signalent la fréquence dans leurs arrondissements respectifs.

Les cas de *coqueluche* ont été très nombreux à la fin de 1903, d'après le rapport.

La *diphtérie*, toujours fréquente à la campagne, est assez rare en ville; l'hospice des enfants assistés en a reçu 184 en 1903, parmi lesquels il s'est produit 18 décès, soit 9,7 p. 100. Ce résultat favorable est dû à l'emploi des injections de sérum de Roux.

La *fièvre typhoïde* n'a occasionné dans l'intérieur de la ville qu'un très petit nombre de décès; on en compte 30 en 1903, pour une population de 250.000 âmes, soit une mortalité de 0,12 p. 1.000.

Les communes suburbaines ont enregistré 54 cas, chiffre qui serait, paraît-il, au-dessous de la réalité; pas de renseignements sur la mortalité.

La *grippe* a sévi un peu partout en novembre et en décembre, sans présenter aucune gravité.

La *rougeole* a été fréquente et a revêtu une gravité qui n'avait pas été observée depuis longtemps; pour la ville de Bordeaux, on compte 61 décès à son actif, contre 40 en 1902.

La *variole* : il s'est produit en 1903 un certain nombre de cas de variole qui se sont propagés avec une extrême rapidité et n'ont pu être enrayés qu'après avoir atteint 102 personnes, chiffre qui ne représente que les malades hospitalisés, tandis que le total des cas déclarés s'est élevé à 201. La mortalité a été de 16,66 p. 100 sur les 102 hospitalisés.

HAUTE-GARONNE. — L'année 1903 a été très favorable au point de vue sanitaire, au moins dans trois arrondissements de ce département : Muret, Villefranche et Saint-Gaudens, d'après l'attestation des médecins.

Dans l'arrondissement de Saint-Gaudens, on signale quelques cas de *coqueluche*, de *diphtérie*, d'*oreillons*, de *scarlatine* et de *variole*.

La *fièvre typhoïde* a régné, à l'état de cas isolés, dans presque toutes les communes, sauf à Aulon et à Cuing où elle a revêtu le caractère épidémique, sans présenter d'ailleurs une grande gravité.

La *dysenterie* mérite une mention spéciale : elle a sévi dans les communes de Saint-Béat, d'Aspet, de Soueich, de Sengouagnet, de Milhas, de Coulédoux, sans que l'on soit parvenu à en déterminer la cause. L'eau a été incriminée, mais sans preuves ; ce qu'il y a de certain, c'est que cette affection n'a été constatée que depuis peu de temps dans cette région.

Dans l'arrondissement de Toulouse, les maladies épidémiques

signalées sont : la *diphtérie*, la *fièvre typhoïde*, la *grippe*, les *oreillons*, la *rougeole*, la *varicelle* et la *variole*.

La *fièvre typhoïde* a été fréquente : l'origine hydrique de la maladie a paru contestable à plusieurs médecins qui inclinent plutôt pour la contagion ; on a pourtant remarqué que l'eau de la ville renferme en permanence le *bacterium coli*.

La *grippe* a été assez sérieuse, faisant de nombreuses victimes, surtout parmi les vieillards et créant un état sanitaire des plus fâcheux.

De nombreux cas d'*oreillons* ont été traités à l'hôpital militaire et ont présenté des complications testiculaires dans la proportion de 10 p. 100.

La *rougeole* a sévi d'une façon exceptionnelle, tout en présentant une grande bénignité.

La *variole* a été, au point de vue épidémique, la note dominante. Elle a été constatée dans plusieurs quartiers de la ville de Toulouse et a nécessité la création d'un service particulier à l'Hôtel-Dieu. Cette épidémie de 1903 n'a été que la continuation de celle qui s'était déclarée au mois d'octobre 1902 et dont le premier cas s'était produit au n° 47 de la rue de la République, chez une jeune femme venant de Narbonne où cette maladie régnait depuis quelques mois.

HÉRAULT. — Les renseignements fournis ne permettent pas de dresser une statistique exacte des maladies épidémiques qui ont régné dans ce département. Les deux arrondissements de Pons et de Béziers paraissent avoir été assez favorisés au point de vue sanitaire. Dans le premier on compte 8 cas de *fièvre typhoïde*, quelques cas de *diphtérie*, 40 cas de *rougeole* et 5 de *variole* suivis d'un décès. Dans le second, on signale 16 cas de *fièvre typhoïde*, 175 cas de *rougeole* avec 2 décès et 34 cas de *variole*.

Arrondissement de Lodève. Les maladies épidémiques qui ont fait leur apparition dans cet arrondissement sont : la *fièvre typhoïde*, la *rougeole* et la *variole*.

La *fièvre typhoïde* a sévi en août et septembre 1903, exclusivement sur les militaires et a été attribuée aux fatigues des manœuvres au camp de Lerzac et aussi à la qualité douteuse de l'eau de boisson mise à leur disposition. Les cas observés dans les différentes communes ont été isolés et n'ont pas créé de foyers épidémiques.

La *rougeole* a revêtu la forme épidémique à Lodève, au cours du dernier trimestre 1903 : on a constaté, à cette époque, plus de 300 cas sur les enfants : elle a été en somme bénigne, puisqu'elle n'a causé que 6 décès. On a pu suivre sa filiation : elle a été importée de Cette par des enfants qui y étaient allés prendre des bains de mer. L'épidémie continue en 1904, atteignant cette fois les grandes personnes.

On signale également quelques cas bénins de *scarlatine* et un cas de *diphtérie*.

La *variole* a sévi dans la commune de Gignac, où elle a été importée : elle a trouvé là un terrain tout préparé pour la réceptivité, les habitants étant tout à fait réfractaires à la vaccine. L'épidémie, commencée en septembre 1902, n'a pris fin qu'en février 1903 ; on a compté 300 cas, suivis de 27 décès.

Arrondissement de Montpellier. — Les déclarations ne s'y font que d'une manière très irrégulière ; on indique souvent le sexe sans faire mention de l'âge.

La *diphtérie*, 15 déclarations.

La *fièvre typhoïde* continue à être endémique à Montpellier, ainsi que dans la presque totalité de l'arrondissement ; on compte en 1903, pour Montpellier seulement, 60 déclarations suivies de 50 décès.

La *rougeole*, bénigne d'ailleurs, se compte par centaines de cas; la *scarlatine* par quelques cas isolés.

La *variole*, après avoir régné à Montpellier sous forme de cas isolés, a subi une recrudescence sensible à la fin de novembre : 60 cas environ (24 déclarations, 2 décès). Il en a été de même pour la ville de Lunel, qui n'avait eu que quelques cas pendant le premier semestre 1903, et où elle s'est montrée plus fréquente à partir du mois de juillet : 73 cas déclarés, 10 décès. La maladie aurait été importée de Nîmes par des marchands ambulants espagnols.

Ille-et-Vilaine. — En adressant son rapport au préfet, le vice-président de la commission sanitaire de l'arrondissement de Rennes déclare qu'il est bien difficile de se rendre un compte exact de la morbidité par maladies épidémiques et contagieuses et qu'il en sera toujours de même, tant que le bureau d'hygiène prévu par l'article 19 de la loi de 1902 et que les médecins ne se conformeront pas aux prescriptions édictées par les articles 4 et 5 de ladite loi.

Les maladies épidémiques qui ont régné dans ce département ont été : la *coqueluche*, la *diphtérie*, la *fièvre typhoïde*, la *grippe*, la *variole*.

Les renseignements fournis sur le nombre des atteintes de ces différentes affections et sur le nombre des décès qu'elles ont occasionnés sont peu précis. Pour certains arrondissements, on donne le chiffre des décès sans indiquer le nombre des cas; pour d'autres, celui de Saint-Malo par exemple, on mentionne une diminution dans le nombre des cas de *fièvre typhoïde* : 198 cas contre 289 en 1902; mais cette diminution n'est-elle pas en corrélation avec un nombre moindre de baigneurs, c'est ce qui n'est pas indiqué et qu'il eût été utile de savoir, afin de se rendre un compte exact de la situation.

L'arrondissement de Saint-Malo est celui qui donne, depuis plusieurs années, le pourcentage le plus élevé de mortalité par suite de *fièvre typhoïde*.

Indre. — L'administration n'a fourni que quelques renseignements pour l'arrondissement d'Issoudun, dans lequel on signale 33 cas de *rougeole* sur des enfants et 113 cas de *grippe*.

Le Dr Chabenat a adressé un rapport particulier sur l'arrondissement de La Châtre, mais il se plaint d'être fort peu renseigné par ses confrères ; il constate cependant que le nombre des bulletins de déclaration des maladies épidémiques s'est élevé à 32, contre 8 en 1902.

Les maladies qui ont régné dans cet arrondissement sont : la *coqueluche*, la *diphtérie*, la *fièvre typhoïde*, la *grippe*, la *gastro-entérite infantile*, les *oreillons*, la *rougeole*, la *scarlatine*, la *varicelle*, la *variole*.

La *diphtérie* compte 25 cas avec 2 décès en 1903.

La *fièvre typhoïde* a régné à l'état d'épidémie de villages et de maisons ; 27 cas suivis de 9 décès ont été enregistrés, soit le tiers des malades. La maladie a été attribuée en général à l'eau de boisson ; parfois, l'étiologie est restée obscure ; la contagion par la souillure des lits et le manque de soins de propreté ont été cependant, dans quelques cas, la cause certaine de la *fièvre typhoïde*.

La *rougeole* a sévi en janvier, février et mars, sous forme épidémique et n'était que la continuation d'une épidémie qui a régné pendant deux ans environ dans la région et a frappé toute la population infantile en état de réceptivité.

La *scarlatine* a été observée pour un certain nombre de cas dans différentes communes ; 17 déclarations ont été faites à la sous-préfecture de La Châtre.

La *varicelle* a régné à l'état épidémique en mai, juin, juillet et août, dans la plus grande partie de l'arrondissement.

La *variole :* pas un seul cas n'a été noté ; il faut attribuer cet heureux résultat à la pratique des vaccinations et des revaccinations qui se répand de plus en plus.

Indre-et-Loire. — L'état sanitaire de ce département a été, en général, assez satisfaisant, particulièrement dans l'arrondissement de Tours, où on ne signale que 7 cas de *diphtérie* ayant occasionné 3 décès, 20 cas de *pelade* sur les enfants des écoles et 6 cas de *scarlatine*.

L'arrondissement de Loches a été moins bien traité ; on y a enregistré quelques cas de *coqueluche* peu graves, 20 cas de *diphtérie* à Loches, en janvier, suivis d'un décès et quelques cas isolés à Chambourg, en avril.

La *fièvre typhoïde* n'a occasionné qu'un décès sur 24 cas déclarés ; elle serait due, au dire des médecins, à la pollution des eaux potables dans lesquelles se seraient produites des infiltrations d'eaux ménagères ou de purins de fumiers.

La *rougeole* a été assez commune en janvier, février, mars et avril, dans l'arrondissement de Loches, pour obliger à la fermeture de plusieurs écoles. Elle a causé quelques décès par suite de complications broncho-pulmonaires.

La *scarlatine* n'a donné lieu qu'à des épidémies bénignes dans les communes de Dolus, Loches, Le Grand-Pressigny, La Haye-Descartes.

La *varicelle* a été signalée partout, mais plus particulièrement à Chanceaux, où 38 élèves sur 46 ont dû abandonner l'école.

Un seul cas de *variole*.

Dans l'arrondissement de Chinon, on signale la *diphtérie*, la *fièvre typhoïde*, la *rougeole*.

La *diphtérie* a surtout régné dans la commune de Chinon : 50 cas et 3 décès ; on a compté 9 cas à Lignières et 2 à Richelieu.

La *fièvre typhoïde* ne figure que pour 2 cas.

La *rougeole* est, après la *diphtérie*, la maladie qui a été le plus fréquemment signalée ; on relève 50 cas ayant entraîné 2 décès.

Jura. — L'administration de ce département n'a adressé de

rapports que pour trois arrondissements : Dôle, Poligny et Saint-Claude ; celui de Lons-le-Saunier manque. A en juger par les renseignements fournis, l'état sanitaire a été relativement bon.

Dans l'arrondissement de Dôle, on a constaté quelques cas isolés de *diphtérie;* en novembre et décembre, on observait dans la ville de Dôle 6 cas de *fièvre typhoïde*, dont 4 mortels. 4 de ces cas se sont produits dans le même quartier et ont été attribués à l'usage de l'eau d'un puits contaminé qui a été fermé. Il n'a été signalé dans tout l'arrondissement que 12 cas de cette maladie, qui aurait occasionné 4 décès.

La *rougeole* a sévi à Dôle, à l'état épidémique, vers la fin de l'année ; de nombreux cas, mais tous sans gravité, ont été signalés également dans plusieurs communes.

Dans l'arrondissement de Poligny, la *rougeole* est la seule affection épidémique qui mérite d'être mentionnée, à cause de son extension sur toute la région. Elle a commencé à sévir en septembre pour disparaître en janvier, sans présenter aucun caractère de gravité.

Dans l'arrondissement de Saint-Claude, on a observé 7 cas de *diphtérie*, répartis dans différentes localités ; 8 cas de *fièvre typhoïde*, dont 2 suivis de décès : plusieurs cas de *rougeole*, dont un mortel, et 5 cas de *variole* pendant les mois de juillet et août.

LANDES. — Ce département n'a adressé de renseignements que pour deux arrondissements : d'après les documents fournis on ne relève que 4 cas de *diphtérie* suivis d'un décès, 9 cas de *fièvre typhoïde*, 8 cas de *grippe*, 3 d'*oreillons* et 3 de *scarlatine*.

LOIR-ET-CHER. — Dans ce département, comme dans bien d'autres, on retrouve la même plainte formulée par les autorités administratives contre la non-déclaration des maladies contagieuses par les médecins.

Il est impossible de dresser une statistique attendu que, la plupart du temps, on ne voit figurer en regard des maladies mentionnées que la rubrique : plusieurs cas.

La *diphtérie* figure cependant avec le chiffre de 88 cas et 16 décès et la *fièvre typhoïde* avec 34 cas ayant occasionné 15 morts.

Le *charbon*, qui a entrainé 2 décès, est signalé dans l'arrondissement de Vendôme. Plusieurs cas de *pustule maligne* ont été, en effet, observés dans les communes de Mondoubleau et de Sargé où existent de nombreuses tanneries dans lesquelles le maniement des peaux est la principale cause de cette affection.

On a remarqué que le travail des peaux de provenance chinoise était, à ce point de vue, le plus dangereux pour les ouvriers tanneurs.

Loire-Inférieure. — Les maladies épidémiques qui ont régné dans ce département sont : la *diphtérie* : 183 cas, 21 décès ; la *fièvre typhoïde* : 462 cas, 84 décès ; la *rougeole* : 512 cas, 109 décès : la *scarlatine* : 42 cas, 3 décès ; la *variole* : 14 cas ; le *choléra* : 2 cas, 2 décès.

C'est dans l'arrondissement de Nantes que l'on relève le plus d'affections épidémiques ; en deuxième ligne vient celui de Saint-Nazaire.

La *fièvre typhoïde* a été attribuée à la contamination des eaux fournies par les puits et à la distribution, par le service municipal, d'une eau non filtrée, les appareils divers et les bassins destinés à sa purification n'étant pas encore complètement installés.

Haute-Loire. — Ce département a été assez éprouvé par les maladies épidémiques, notamment l'arrondissement du Puy.

Dans l'arrondissement de Brioude, on a observé 50 cas de *coqueluche*, 10 cas de *diphtérie*, tous mortels, 10 cas de *fièvre typhoïde* ayant occasionné 2 décès, 6 cas d'*oreillons*, 570 cas de *rougeole* suivis de 25 décès, 2 cas de *variole*.

L'arrondissement d'Yssingeaux signale : la *coqueluche*, la *diphtérie*, 7 cas, localisés dans deux maisons et ayant causé 1 décès; 35 cas de *fièvre typhoïde* avec 6 décès; de nombreux cas de *rougeole* dont 6 suivis de décès et enfin 7 cas de *variole* dont 3 mortels.

L'arrondissement du Puy a payé un tribut plus élevé aux maladies épidémiques.

La *coqueluche* a atteint 25 enfants.

La *diphtérie* a occasionné 32 décès sur 112 atteintes, ce qui donne un pourcentage de 28 p. 100; il est bon de faire remarquer que si la maladie a pris une telle extension, il faut l'attribuer à l'incurie des personnes qui, se rendant près des malades, ne prenaient ensuite aucune précaution quand elles allaient visiter des personnes saines; en outre, il faut ajouter qu'un grand nombre de patients n'ont pas été injectés. Chaque fois que l'on a pratiqué des injections de sérum de Roux à doses suffisantes, 20 centimètres cubes dès le début, on a obtenu de bons résultats.

Quelques cas de *fièvre typhoïde* ont été signalés au Puy et dans quelques communes. Elle a pris la forme épidémique dans la commune d'Escublac où, sur une population de 145 habitants, on a enregistré 37 cas dont 17 suivis de décès, ce qui donne un pourcentage de 45 p. 100. Les habitants de cette commune n'ont à leur disposition que des eaux de surface provenant d'infiltrations et souillées par du purin.

Les *oreillons* figurent pour 215 cas, dont 200 au Puy, qui se sont compliqués d'orchites chez un grand nombre de jeunes gens.

La *rougeole* a atteint 498 enfants et a causé la mort de 10 d'entre eux.

La *scarlatine* (248 cas, 7 décès) a obligé à la fermeture de certaines écoles.

LOIRET. — L'état sanitaire de ce département a été assez bon, d'après les documents fournis.

Aucune épidémie n'a été signalée dans l'arrondissement de Montargis; dans celui de Gien, on a enregistré 11 cas de *diphtérie*, 15 cas de *fièvre typhoïde* et 11 de *rougeole*; dans celui de Pithiviers: 10 cas de *diphtérie*, 1 décès; 10 cas de *fièvre typhoïde*, 2 décès; 12 cas de *scarlatine*.

Pas de renseignements pour l'arrondissement d'Orléans.

LOT. — Ce département a été assez favorisé au point de vue des maladies épidémiques.

Les seules affections signalées sont: la *fièvre typhoïde*, 72 cas ayant causé 6 décès, 91 cas de *rougeole* et 3 cas de *scarlatine* avec 1 décès.

La *fièvre typhoïde* aurait été occasionnée par la consommation d'eau de mauvaise qualité.

LOT-ET-GARONNE. — Le bilan des maladies épidémiques et contagieuses qui ont régné dans ce département est résumé dans le tableau ci-après:

MALADIES OBSERVÉES	NOMBRES DES CAS	NOMBRES DES DÉCÈS
Diphtérie	41	7
Fièvre typhoïde	58	9
Scarlatine	11	»
Variole	6	»
Varioloïde	12	»
Tuberculose pulmonaire	163	44

LOZÈRE. — Les maladies épidémiques qui ont régné dans ce département ont été peu nombreuses et n'ont pas présenté, en général, une grande gravité. La seule maladie qui ait revêtu, dans l'arrondissement de Mende, la forme épidémique a été la *variole*: les cas ont été peu nombreux mais ont été suivis de plusieurs décès; il faut signaler en outre quelques cas isolés de *fièvre typhoïde*.

L'arrondissement de Florac mentionne quelques cas isolés de *diphtérie*, de *fièvre typhoïde* et de *scarlatine*, qui ont été très bénins et n'ont donné lieu qu'à des foyers très restreints.

La *coqueluche*, la *fièvre typhoïde* et la *scarlatine* sont les seules maladies contagieuses qui aient revêtu le caractère épidémique dans l'arrondissement de Marvejols. La *diphtérie*, la *grippe*, la *variole* ont bien été signalées, mais très rarement et n'ont en tout cas créé aucun foyer épidémique.

MAINE-ET-LOIRE. — Le préfet de ce département, en transmettant les rapports des médecins chargés du service des épidémies sur les maladies contagieuses observées par eux en 1903, déclare que les états numériques qui lui ont été adressés sont incomplets. Aucune maladie contagieuse n'aurait d'ailleurs présenté de caractère épidémique. On signale dans tout le département 27 cas de *diphtérie* avec 1 décès, 20 cas de *fièvre typhoïde* dans l'arrondissement d'Angers et 13 dans celui de Cholet, ainsi que 222 cas d'*oreillons*, épidémie qui a débuté par la caserne. A ajouter 32 cas de *rougeole* et 17 cas de *varioloïde* chez des enfants.

MANCHE. — Les documents transmis par ce département sont très incomplets; le Dr Fauvel, médecin des épidémies de l'arrondissement de Coutances, écrit qu'il est impossible de dresser un tableau complet des épidémies, attendu qu'il n'a pas de renseignements.

On relève dans le tableau adressé par le préfet : 50 cas de *diphtérie* ayant entraîné 2 décès, 71 cas de *fièvre typhoïde* suivis de 18 décès.

L'arrondissement qui paraît avoir été le plus touché par cette dernière affection est celui d'Avranches, dans lequel elle a sévi pendant dix mois. Cette épidémie, partie de Saint-Malo, se serait étendue de proche en proche tout le long du littoral. L'arrondissement de Cherbourg indique qu'il y a eu des cas de *coqueluche*, de *diphtérie*, d'*oreillons*, de *grippe*, de *fièvre typhoïde*, de *rougeole*, mais ne donne aucun chiffre.

Marne. — Les renseignements manquent pour l'arrondissement de Châlons. Des quatre autres arrondissements, ceux de Sainte-Menehould et de Vitry-le-François n'ont présenté rien de bien particulier ; dans le premier on compte 13 cas de *diphtérie*, 19 cas de *fièvre typhoïde* et 73 cas de *scarlatine*, sans indication du nombre des décès occasionnés par ces diverses maladies ; dans le second, on ne signale que quelques cas isolés de *diphtérie* guéris par le sérum de Roux, 1 cas de *fièvre typhoïde*, 35 cas de *scarlatine* dont 5 localisés dans la famille d'un gendarme de la brigade de Sampuis qui a perdu un de ses enfants.

L'arrondissement d'Épernay a été visité par la *rougeole* qui a sévi à l'état épidémique dans le quartier de cavalerie en janvier, puis en ville en février, dans d'autres communes en avril : on signale également des épidémies très restreintes de *diphtérie* et de *fièvre typhoïde*.

La *tuberculose*, avec ses diverses manifestations, a causé 61 décès en 1903 à Épernay, ce qui, pour une population de 20.000 habitants, donne un pourcentage de 1,5 p. 100.

L'arrondissement de Reims a été plus éprouvé ; le médecin des épidémies se plaint du peu d'empressement mis par ses confrères à déclarer les maladies contagieuses.

La *diphtérie* a occasionné 15 décès sur 44 cas déclarés. On signale

6 cas de *dysenterie* dont 4 sur des militaires: 2 décès; 100 cas de *fièvre typhoïde* ayant causé 24 décès dont 7 sur des militaires de la garnison. Cette maladie ne serait pas imputable à l'eau de boisson mais au surmenage dans l'élément militaire et à l'encombrement des logements dans la population civile.

La *rougeole* a causé 29 décès sur 4 ou 500 cas déclarés. La *scarlatine* a à son actif 9 décès pour 250 à 300 cas.

La *tuberculose* a occasionné 386 décès, ce qui donne une mortalité de 3 p. 1.000.

HAUTE-MARNE. — Dans ce département, c'est la *fièvre typhoïde* qui a causé la plus grande morbidité. Cette maladie aurait été provoquée par la consommation d'eaux provenant de puits contaminés dont on a proscrit l'usage et qui ont été ensuite désinfectés au moyen du permanganate de potasse.

On signale aussi des cas de *diphtérie*, vite enrayés par l'emploi des injections du sérum de Roux, ainsi que 20 cas de *scarlatine* bénigne.

MAYENNE. — Ce département n'a fourni que fort peu de renseignements; à signaler: quelques cas de *diphtérie*, affection qui tend à diminuer de plus en plus depuis l'emploi rationnel du sérum antidiphtérique; une véritable épidémie d'*oreillons* qui a atteint un grand nombre d'enfants et d'adultes dans l'arrondissement de Château-Gontier et qui a obligé au licenciement de certains établissements scolaires; des cas de *fièvre typhoïde*, de *grippe*, de *rougeole* et de *scarlatine*.

Enfin, 24 cas de *variole* ont été signalés dans l'arrondissement de Laval.

MEURTHE-ET-MOSELLE. — Les maladies épidémiques et contagieuses observées dans ce département sont résumées dans le tableau ci-après.

MALADIES OBSERVÉES	NOMBRE	
	DES CAS	DES DÉCÈS
Coqueluche	196	3
Diarrhée cholériforme	32	1
Diphtérie	35	8
Entérite	16	2
Fièvre typhoïde	18	2
Grippe	359	22
Oreillons	105	»
Pelade	1	»
Rougeole	300	2
Scarlatine	81	4
Varicelle	140	»

MEUSE. — Dans l'arrondissement de Commercy, on a enregistré des cas de *variole*, affection importée par un militaire venu en congé et provenant de Maisons-Laffitte, où sévissait une épidémie ; les autres affections signalées sont la *diphtérie*, la *rougeole*, la *fièvre typhoïde*. Deux atteintes de *choléra sporadique* ont été observées à l'époque des grandes chaleurs dans l'arrondissement de Montmédy. Dans l'arrondissement de Bar-le-Duc, 60 cas de maladies contagieuses ont été déclarés à la préfecture ; elles auraient occasionné 5 décès. D'après le Dr Ficatier, médecin des épidémies, ce chiffre serait certainement au-dessous de la réalité, par suite des renseignements incomplets adressés à l'administration. On ne peut, ajoute-t-il, blâmer les médecins qui ne font pas de déclarations, attendu qu'ils savent fort bien qu'elles seront inutiles, le département ne possédant aucun service de désinfection, seul moyen cependant d'arriver à supprimer les maladies contagieuses. Quoi qu'il en soit, les maladies déclarées ont été les suivantes : la *coqueluche*, qui a régné à l'état épidémique ; la *diphtérie* : 15 cas, un décès ; la *fièvre typhoïde* : 60 cas, sans un seul décès : c'est la première fois, depuis dix-neuf ans, que cette maladie n'a occasionné aucun décès à Bar-le-Duc. On a signalé également 3 cas de *dysenterie*, suivis d'un décès ; 12 cas de *scarlatine* et enfin la *rougeole*, qui a sévi à l'état épidémique pendant tout le premier semestre et a causé 8 décès à Bar-le-Duc. Cette dernière affection a obligé à la fermeture de 18 écoles.

NIÈVRE. — Les maladies épidémiques observées dans ce département, en 1903, n'ont pas revêtu un grand caractère de gravité ; cependant, il y a lieu de signaler l'endémicité de la *scarlatine* dans certains cantons, celui de Decize entre autres, qui commande des mesures prophylactiques et, parmi elles, la désinfection des écoles s'impose. Le bilan sanitaire du département est résumé dans le tableau ci-après :

MALADIES OBSERVÉES	NOMBRE	
	DES CAS	DES DÉCÈS
Coqueluche	10	3
Diphtérie	30	4
Fièvre typhoïde	69	10
Oreillons	66	»
Pelade	19	»
Scarlatine	195?	5

Les renseignements touchant la mortalité causée par les différentes maladies épidémiques sont incomplets, l'arrondissement de Château-Chinon n'ayant fourni aucune indication à ce sujet.

La *fièvre typhoïde* est attribuée à la contamination des puits, soit par des purins provenant des fumiers, soit par des fosses d'aisance du voisinage.

Nord. — Les maladies épidémiques qui ont régné dans ce département sont : la *coqueluche*, la *diphtérie*, la *grippe*, la *fièvre typhoïde*, les *oreillons*, la *rougeole*, la *scarlatine*, la *variole*.

Les déclarations n'étant pas faites régulièrement, il est impossible de présenter un tableau du nombre de cas et de décès de ces différentes affections.

La *diphtérie* mérite cependant une mention spéciale ; elle paraît avoir régné dans un grand nombre de localités ; à Valenciennes, il en a été déclaré 41 cas, suivis d'un seul décès. Dans l'arrondissement de Douai, on en signale 27 cas et 5 décès ; plus des cas nombreux à Roost-Warendin avec 10 décès. L'arrondissement d'Hazebrouck a enregistré 21 cas et 14 décès ; celui de Dunkerque 26 cas et un décès.

La *grippe* ayant revêtu la forme infectieuse à Curzies, on a dû fermer des écoles.

Les *oreillons* ont été observés dans les écoles et dans une caserne de Valenciennes.

La *fièvre typhoïde* est signalée dans tous les arrondissements : on en relève 125 cas avec 19 décès, dont 9 pour Valenciennes, survenus par suite de la consommation d'eau de puits.

La *rougeole* et la *scarlatine* ont sévi sur la population des écoles.

La *variole* a régné dans plusieurs arrondissements ; elle s'est manifestée par des cas sporadiques dans diverses communes, se localisant dans des maisons ou dans des quartiers, et par un léger retour épidémique à Valenciennes pendant le deuxième semestre 1903 ; le nombre des cas n'a pas été indiqué.

Oise. — Le médecin des épidémies de l'arrondissement de Beauvais déclare qu'il ne dispose pas de renseignements suffisants pour dresser une statistique exacte des maladies épidémiques qui ont régné.

Le tableau ci-dessous est un résumé des documents fournis par l'administration pour les quatre arrondissements :

MALADIES OBSERVÉES	NOMBRE	
	DES CAS	DES DÉCÈS
Diphtérie	65	3
Fièvre typhoïde	57	9
Rougeole	150	1
Scarlatine	67	7
Variole	22	5

La *grippe* a également régné dans l'arrondissement de Beauvais, revêtant souvent la forme infectieuse et causant une grande mortalité. La *tuberculose pulmonaire* y a causé 220 décès ; les autres tuberculoses 27 ; ce qui donne un total de 247 pour cette affection.

Orne. — Les médecins des épidémies de ce département avouent que les tableaux qu'ils ont dressés ne représentent que bien imparfaitement la situation sanitaire, car, à part la *diphtérie,* qui est en général déclarée, aucune déclaration n'a été faite pour les autres maladies, sauf pour quelques cas de *fièvre typhoïde*.

Le Dr Levassort a fourni un rapport très documenté sur une épidémie de *diphtérie* qui a sévi dans la commune de Parfondeval (arrondissement de Mortagne), pendant les quatrième trimestre 1902 et premier trimestre 1903.

Pas-de-Calais. — Les renseignements fournis à l'administration ne portent que sur les arrondissements d'Arras, de Béthune, de Boulogne-sur-Mer, de Calais et de Saint-Pol : ceux de Montreuil et de Saint-Omer n'ont fait parvenir aucun document.

Dans l'arrondissement d'Arras, les maladies épidémiques observées ont été : la *diphtérie*, 23 cas, 1 décès ; la *fièvre typhoïde*, 3 cas ; la *rougeole*, 58 cas, 3 décès ; quelques rares cas de *scarlatine*.

La *variole*, qui avait déjà sévi en 1902, a continué à régner en 1903 ; le médecin des épidémies a visité 22 communes, dans lesquelles il a rencontré 47 varioleux, parmi lesquels il s'est produit 8 décès, et bien des cas ont échappé à ses investigations. Presque tous les cas provenaient des mines de Courrières, Liévin, Lens et Drocourt, qui avaient été contaminées par des provenances de Lille. Des vaccinations et revaccinations intensives y ont mis fin.

Dans l'arrondissement de Béthune, on a enregistré 113 cas de *coqueluche*, répartis dans 5 communes. La *diphtérie* a régné dans 7 communes ; on compte 21 atteintes, suivies de 6 décès ; le sérum de Roux a produit d'excellents résultats quand il a été employé à temps et à doses suffisantes ; 4 cas de *fièvre puerpérale*, un décès. La *fièvre typhoïde* a été signalée dans 4 communes ; 22 cas, dont 10 sur des enfants : 2 décès de grandes personnes. Elle a été attribuée en partie à l'eau contaminée et en partie à la contagion directe de malades à personnes saines. La *rougeole* a été constatée dans 5 communes ; 347 cas signalés, 2 décès. La *scarlatine* a frappé 28 enfants dans

4 communes et causé 2 décès. La *variole* a sévi dans 9 communes : 50 cas, dont 12 sur des enfants et causé 11 décès, dont 5 d'enfants.

Dans l'arrondissement de Boulogne-sur-Mer, on mentionne quelques cas de *fièvres éruptives*, rapidement éteintes : puis, dans le dernier trimestre 1903, des cas de *fièvre typhoïde*, dont le point de départ n'a pu être déterminé, les eaux d'alimentation ayant été reconnues très pures à la suite d'un examen bactériologique.

L'arrondissement de Calais signale 29 décès par suite de *coqueluche*; 18 cas de *diphtérie* et 8 décès ; 9 cas de *fièvre typhoïde* avec 6 décès ; des cas de *grippe* ayant entraîné 13 décès. Cette affection réapparaît tous les ans à la saison fraîche. On compte en outre 125 cas de *rougeole*, 6 de *scarlatine* et 5 de *variole*, suivis d'un décès. La mortalité par *tuberculose* s'est élevée à 254. Le médecin des épidémies fait remarquer que les déclarations des maladies contagieuses sont bien au-dessous de la réalité ; il a cependant constaté qu'elles sont plus nombreuses depuis qu'on peut les faire par cartes-lettres.

Dans l'arrondissement de Saint-Pol, on ne mentionne que 20 cas de *coqueluche*, 70 cas de *teigne* chez les enfants des écoles et 6 cas de *varioloïde*.

Puy-de-Dôme. — Ce département n'a fourni qu'un tableau d'après lequel l'état sanitaire a été assez satisfaisant dans les cinq arrondissements dont il se compose. On y relève 8 cas de *diphtérie*, suivis de 5 décès, dont 4 cas et un décès dans l'arrondissement de Clermont-Ferrand, où elle a été importée par un soldat venu de Grenoble et 4 également, tous suivis de décès, dans celui de Riom, à Teilhet, où elle est endémique.

La *fièvre typhoïde* figure pour 123 cas, avec 26 décès ; la *grippe*, 4 cas, 2 décès ; la *rougeole*, 271 cas, 22 décès ; la *scarlatine*, 164 cas, 14 décès.

C'est l'arrondissement de Thiers qui a fourni le plus de cas de *fièvre typhoïde*: 84, suivis de 17 décès; puis viennent ceux d'Issoire, avec 17 cas et 5 décès, et de Riom, avec 15 cas et 2 décès. Clermont-Ferrand n'a signalé que 7 cas, tous suivis de guérison.

BASSES-PYRÉNÉES. — Les maladies épidémiques et contagieuses signalées dans ce département sont : la *coqueluche*, la *rougeole*, la *scarlatine* dont le chiffre des cas et des décès n'est pas indiqué. On signale en outre 99 cas de *variole*, 19 cas de *dysenterie* suivis de 3 décès, des *oreillons*, des cas de *grippe* ayant entraîné la mort de gens âgés, 11 cas de *diphtérie* avec 2 décès. La maladie qui compte le plus grand nombre d'atteintes est la *fièvre typhoïde* (60 cas environ, 12 décès) survenue par suite de la contamination de l'eau des puits par le purin des fumiers. Dans une commune de l'arrondissement d'Orthez, un militaire venu d'Algérie a constitué un petit foyer qui s'est étendu par les gardes-malades qui se sont contaminés par défaut de précautions et ont ensuite contaminé leurs familles.

PYRÉNÉES-ORIENTALES. — Dans le rapport adressé par le préfet, ce haut fonctionnaire se borne à mentionner qu'il n'y a pas eu dans son département d'épidémies proprement dites, mais seulement quelques cas isolés de maladies épidémiques déclarés par les médecins. Ils se répartissent de la manière ci-après sur une population de 212.121 habitants :

Diphtérie	5 cas.
Fièvre typhoïde	36 —
Rougeole	1 —
Scarlatine	5 —
Variole	67 —

HAUT-RHIN (Territoire de Belfort). — Les maladies épidémiques observées dans ce territoire ont été : la *diphtérie* 3 cas, 1 décès, la *fièvre typhoïde* 7 cas, 5 décès, la *rougeole* 88 cas, la *scarlatine* 2 cas.

L'administrateur, en transmettant son rapport sur les épidémies, signale qu'il est forcément incomplet par suite de l'application du nouveau règlement départemental sur le service des épidémies dans le territoire de Belfort. L'ancien médecin des épidémies n'en faisant plus partie, l'administration n'a pu lui réclamer les renseignements *habituels sur son service* en 1903.

RHÔNE. — Pour ce département, il y a lieu de séparer la ville de Lyon des autres communes, parce que les conditions hygiéniques y sont très différentes et aussi parce que, ainsi que l'a constaté le médecin des épidémies, le Dr Pic, les déclarations sont des plus insuffisantes pour ces dernières.

Ville de Lyon. — Les six grandes maladies épidémiques qui y ont régné sont : la *coqueluche*, la *diphtérie*, la *fièvre typhoïde*, la *rougeole*, la *scarlatine* et la *variole*.

La *coqueluche.* — A causé 26 décès, contre 14 en 1902.

Diphtérie. — 358 cas, 43 décès, soit une mortalité de 12 p. 100 environ ; morbidité et mortalité en décroissance pour 1903.

Fièvre typhoïde. — La morbidité typhoïdique suit dans la ville de Lyon une courbe descendante ; la mortalité également : 60 décès en 1903, y compris 31 décès d'origine *extra-muros*.

Rougeole. — Le chiffre des malades est inconnu ; celui des décès n'a été que de 9 en 1903 contre 24 en 1902.

Scarlatine. — La courbe mortuaire de la scarlatine s'est au contraire un peu relevée : 12 au lieu de 8 en 1901 ; le nombre des atteintes a été de 276.

Variole. — Elle a sévi pendant les six premiers mois de l'année, faisant suite à une petite épidémie qui avait régné en décembre 1902. (35 cas, 1 décès). L'épidémie des six premiers mois de 1903 recommence en décembre : 20 cas, 2 décès.

On a constaté, en 1903, un fléchissement sensible dans la courbe de la mortalité par *tuberculose*. Le chiffre des décès par *infection puerpérale* a été sensiblement égal à celui des trois années précédentes : 22 en 1900, 23 en 1901, 20 en 1902 et 21 en 1903.

Communes rurales du département. — Au point de vue épidémiologique général, l'année 1903 se signale par l'absence de *variole*, par quelques épidémies tenaces de *diphtérie* ainsi que par plusieurs foyers assez importants de *fièvre typhoïde*. En dehors de ces trois affections, on a observé de la *coqueluche*, de la *grippe*, des *oreillons*, de la *rougeole* et de la *scarlatine*.

Coqueluche. — Elle a causé 16 décès dans les cantons de Givors, de Villefranche, d'Anse, de Belleville et de Villeurbanne.

Diphtérie. — Elle a été un peu moins fréquente et moins meurtrière en 1903 qu'en 1901 et 1902. Il ne s'est produit que 26 décès d'origine *extra-muros* dans les hôpitaux de Lyon, contre 37 en 1902.

Fièvre typhoïde. — La mortalité dans les hôpitaux de Lyon pour les cas d'origine *extra-muros* a notablement fléchi ; 13 au lieu de 21 en 1902 ; toutefois il n'est pas démontré que ce fléchissement corresponde à une grande diminution de la morbidité, car d'après les déclarations médicales, un grand nombre de cas se sont produits dans des communes éloignées de Lyon et dont les malades sont, par suite, rarement évacués sur la grande ville.

La cause a été attribuée dans un grand nombre de cas à la pollution des eaux d'alimentation par des fosses d'aisances ou par l'épandage. Dans l'arrondissement de Villefranche, la cause mise en évidence par le Dr Lépine, médecin cantonal, a résidé dans la contamination du lait d'une laiterie dont les pots étaient lavés avec de l'eau d'un puits contaminé et dans laquelle l'analyse a révélé la présence du bacille d'Eberth.

Grippe. — Elle a sévi un peu partout dans les quatre à cinq premiers mois de l'année et a causé sur bien des points des broncho-pneumonies mortelles.

Oreillons. — Ils ont été signalés à Condrieu, Villefranche, Saint-Fons.

Rougeole. — Les déclarations de cette maladie n'ont pas été nombreuses; on a signalé cependant l'existence d'épidémies à Condrieu, Givors, Saint-Symphorien, Villeurbanne, dans l'arrondissement de Lyon et à Anse dans l'arrondissement de Villefranche. Un certain nombre de broncho-pneumonies rubéoliques mortelles ont été observées dans ces diverses localités.

Scarlatine. — Relativement peu fréquente en 1903.

Variole. — N'a presque pas été observée en 1903.

En résumé, tandis que la mortalité par maladies dans une certaine mesure évitables (*diphtérie, fièvre typhoïde, tuberculose*), a eu de la tendance à diminuer à Lyon même, ce même chiffre a continué au contraire sa marche ascensionnelle dans le département du Rhône, ce qui tient à ce qu'au chef-lieu on assainit de plus en plus les logements insalubres.

En outre, les conditions d'exploitation des usines ont été mieux surveillées, de nombreux puits suspects ont été fermés, les denrées alimentaires sont inspectées, le nettoyage humide a été, dans la mesure du possible, substitué au balayage à sec dans les rues, sur les trottoirs, les places et les marchés, enfin des quartiers insalubres ont été entièrement démolis.

Saône-et-Loire. — De l'aveu même des médecins des épidémies, il n'a pas été possible d'établir une statistique des maladies épidémiques et contagieuses qui ont régné dans ce département, les médecins des cantons se contentant trop souvent de leur adresser des états « Néant ». Lorsqu'ils adressent un rapport, l'on n'y trouve le plus ordinairement que des renseignements très vagues. Il est vrai d'ajouter que pour certaines affections telles que : la *coqueluche*, la *grippe*, la *rougeole*, la *scarlatine*, il n'est pas fait appel, la plupart du temps, aux médecins et que dans ces conditions, ils ne peuvent que mentionner qu'il y a eu un grand nombre d'atteintes sans décès connus.

Les autres maladies signalées en 1903 sont : la *diphtérie* et la *fièvre typhoïde* ; la première a pris une certaine extension dans l'arrondissement de Louhans, à Frangy (1.545 habitants) où 52 cas suivis de 2 décès ont été signalés. Quelques cas restés isolés ont été observés dans 18 autres communes et ont occasionné 8 décès. Dans l'arrondissement d'Autun l'on a relevé 61 cas suivis de 21 décès.

La *fièvre typhoïde* a été constatée à l'état de petits foyers dans plusieurs communes de l'arrondissement de Louhans où elle a été mise sur le compte de la contamination de l'eau des puits. Elle tend à disparaître dans l'arrondissement de Charolles, grâce aux progrès de l'hygiène et à la distribution d'eau potable. Dans l'arrondissement d'Autun, elle a été observée dans 12 communes : 45 cas, 16 décès.

La *tuberculose* a occasionné 284 décès dans l'arrondissement d'Autun, sur une population de 112.968 habitants.

Haute-Saône. — Les seuls renseignements fournis pour ce département sont les suivants : dans le second semestre 1903, deux cantons de l'arrondissement de Lure : Vauvillers et Saint-Loup ont présenté de nombreux cas de *diphtérie*, 11 cas dans le premier et 10 dans le second : pas d'indications sur le chiffre des décès qui semble d'ailleurs tendre à zéro depuis l'emploi du sérum de Roux.

Quelques rares cas de *fièvre typhoïde* ont été observés : 1 à Conflans, 2 à Vauvillers.

Les épidémies de *rougeole* ont nécessité la fermeture de deux écoles.

SARTHE. — Deux arrondissements, ceux de la Flèche et de Saint-Calais ont adressé des états « Néant ».

L'arrondissement de Mamers signale que les cas de maladies infectieuses ou épidémiques ont été absolument isolés. La maladie épidémique dominante a été la *grippe* dans la période de l'année comprise entre février et juin ; les cas de *rougeole* ont été relativement nombreux de janvier à mai.

Le médecin des épidémies de l'arrondissement du Mans s'exprime ainsi : « Il est impossible de faire un rapport sérieux avec les déclarations de maladies adressées par le corps médical en 1903. Il en est parvenu 27 du Mans et 22 du reste de l'arrondissement ».

C'est la *diphtérie* qui domine : 16 cas signalés, sans indication d'âge et de résultat. On mentionne 4 cas de *fièvre typhoïde*, 4 cas de *scarlatine*, 1 de *suette*, et 2 de *variole*,

SAVOIE. — Ce département a été visité par les maladies épidémiques ci-après : *coqueluche, choléra infantile, diphtérie, fièvre typhoïde, rougeole, scarlatine, variole* (quelques cas).

Les renseignements fournis ne permettent pas de donner le chiffre exact des atteintes, pas plus que celui des décès.

Le *choléra infantile* a été signalé dans l'arrondissement d'Albertville (15 cas, 12 décès). La *coqueluche* a sévi un peu partout, sans présenter de gravité. La *diphtérie* a été observée dans les arrondissements ci-après : Albertville 6 cas, 3 décès ; Chambéry 27 cas, 5 décès ; Saint-Jean-de-Maurienne 13 cas, 1 décès. Vient ensuite la *fièvre typhoïde* avec 39 cas signalés pour tout le département et 3 décès. La *rougeole* a revêtu l'allure épidémique dans plusieurs communes. De nombreux cas de *scarlatine* ont été également constatés : l'arrondissement de Chambéry en compte à lui seul 124 ayant entraîné 8 décès. Enfin, la *gale* est signalée comme existant à l'état endémique dans les communes de la Bâthie et de Crest-Voland (173 cas),

Haute-Savoie. — Les maladies épidémiques signalées pour ce département sont les suivantes :

MALADIES OBSERVÉES	NOMBRE	
	DES CAS	DES DÉCÈS
Diphtérie	70	13
Fièvre typhoïde	20	5
Rougeole	434	2
Scarlatine	88	6
Varicelle	20	»
Variole	15	4

La *fièvre typhoïde* a été attribuée au manque d'eau potable.

La *variole* aurait été importée dans les communes de Marcellaz et de Marignier par des soldats venus en permission.

Seine-inférieure. — Sur les cinq arrondissements qui constituent ce département, trois seulement, le Havre, Dieppe et Yvetot ont fourni des renseignements sur leur état sanitaire, qui a été des plus satisfaisants.

Les maladies épidémiques et contagieuses qui ont régné dans l'arrondissement du Havre et les décès qu'elles ont causés sont résumés dans le tableau ci-après (voir tab. page suiv.).

Arrondissement de Dieppe. — L'année 1903 a été bonne, d'une manière générale, au point de vue de la santé publique, dans cet arrondissement ; il faut cependant mentionner une épidémie de *diphtérie* à Torcy-le-Grand et à La Chaussée, un commencement d'épidémie de *variole* à Dieppe et une épidémie de *rougeole* qui n'a pour ainsi dire pas cessé pendant la plus grande partie de l'année.

MALADIES OBSERVÉES	VILLE DU HAVRE		AUTRES LOCALITÉS de l'arrondissement.
	CAS	DÉCÈS	DÉCÈS
Affections puerpérales	10	6	»
Coqueluche	»	17	6
Diphtérie	104	10	24
Entérite infantile	»	352	361
Fièvre typhoïde	122	33	42
Grippe	»	10	17
Rougeole	Épidémie.	43	36
Scarlatine	93	9	1
Tuberculose pulmonaire	»	637	242
Autres tuberculoses	»	64	99

Parmi les maladies épidémiques, la *fièvre typhoïde* occupe le premier rang ; sensiblement plus fréquente qu'en 1902, elle s'est disséminée de tous côtés, n'ayant à proprement parler aucun caractère d'épidémicité ou de gravité ; 43 cas ont été déclarés. En dehors des cas déclarés, il y en a eu d'oubliés, dans le canton d'Eu par exemple, où le rapport du médecin cantonal des épidémies en signale un certain nombre dans les communes environnant Eu et le Tréport ; mais la mortalité a été peu élevée. Quelques cas rares ont été signalés à

Dieppe. L'hôpital a reçu 36 typhiques, au lieu de 11 en 1902, parmi lesquels il s'est produit 7 décès.

La *diphtérie* a constitué deux petits foyers épidémiques ; à Torcy-le-Grand : 9 cas, 2 décès ; et à La Chaussée 7 cas, sans décès ; d'autres cas isolés ont été signalés dans plusieurs communes. 21 cas soignés à l'hôpital de Dieppe par les injections de sérum n'ont donné qu'un seul décès.

La *gastro-entérite* infantile a occasionné 88 décès au lieu de 113 en 1902 ; comme chaque année, les mois d'août et de septembre ont fourni à eux seuls plus du tiers de la mortalité infantile.

La *rougeole* a visité de nombreuses communes et a obligé à la fermeture et à la désinfection d'un certain nombre d'écoles.

La *scarlatine* : 31 cas, 0 décès.

La *variole* a été également signalée à Dieppe ; on en a compté 20 cas dont 15 traités à l'hôpital, ayant causé 6 décès.

Une petite épidémie d'*oreillons* qui a régné à Bacqueville a nécessité le licenciement de l'école maternelle.

Arrondissement d'Yvetot. — L'état sanitaire paraît avoir été satisfaisant dans tous les cantons de cet arrondissement, à en juger du moins par les renseignements fournis.

On signale un grand nombre de cas de *coqueluche*, qui a régné pendant toute l'année : quelques cas de *diphtérie* vite enrayés par l'emploi des injections de sérum de Roux ; des cas de *fièvre typhoïde* dont 9 dans les cantons de Cany et d'Ourville ; des épidémies de *rougeole* dans les cantons de Caudebec, d'Yerville et de Doudeville qui ont nécessité la fermeture des écoles à Saint-Laurent-en-Caux, Torpmesnil et Étalleville : quelques cas de *scarlatine* ; quelques cas de *variole* dont 4 dans la même maison dans le canton d'Yerville, où la maladie a été apportée par une personne venant de Rouen. Enfin à noter des cas de *diarrhée infantile* et de *tuberculose pulmonaire*.

Seine-et-Marne. — Si l'on s'en rapporte à la statistique ci-dessous, on peut conclure, d'une manière générale, que l'état sanitaire a été assez satisfaisant en Seine-et-Marne : mais les médecins des épidémies font des réserves et déplorent une fois de plus la rareté des déclarations obligatoires.

Maladies épidémiques ou contagieuses signalées dans le département :

MALADIES OBSERVÉES	NOMBRE	
	DES CAS	DES DÉCÈS
Coqueluche	321	»
Diphtérie	167	35
Fièvre typhoïde	96	18
Oreillons	153	»
Rougeole	644	1
Scarlatine	215	6
Variole	26	»
Varicelle	68	»

On signale en outre quelques cas de *grippe*.

Les arrondissements les plus touchés par la *diphtérie* ont été ceux de Meaux : 62 cas, 9 décès et de Melun : 49 cas, 10 décès.

C'est dans l'arrondissement de Coulommiers que l'on a observé le plus de *fièvre typhoïde* : 38 cas, 5 décès.

Deux-Sèvres. — Il résulte des rapports fournis, que l'état sanitaire a été satisfaisant dans la plus grande partie du département.

La *diphtérie* a revêtu le caractère épidémique à Parthenay et à Viennay. Les statistiques ne mentionnent que 38 cas avec 13 décès ; il est vrai que dans certains tableaux on ne fait que la signaler, sans indiquer le nombre des cas et des décès.

La *fièvre typhoïde* a sévi avec une certaine intensité dans quelques localités, entre autres dans la ville de Bressuire et dans la commune voisine de Noirlieu. Elle a été également observée dans les arrondissements de Melle, de Niort et de Parthenay.

Dans ces différentes localités, la maladie a été attribuée à la mauvaise qualité des eaux d'alimentation. On relève en tout dans les statistiques 74 cas suivis de 21 décès.

On signale en outre des cas de *coqueluche* : 10 cas, 2 décès, 35 cas de *rougeole* et quelques cas de *scarlatine* à Bressuire.

Des mesures d'assainissement et de préservation des puits et fontaines ont été prises sur les indications des commissions sanitaires ou des médecins des épidémies et ont permis d'enrayer le développement des épidémies.

SOMME. — L'état sanitaire a été moins bon qu'en 1902, car si certaines maladies ont diminué de fréquence, d'autres, au contraire, ont fourni des chiffres plus élevés.

Diphtérie. — Elle a été constatée partout. Amiens (ville) en a présenté 30 cas ; le reste de l'arrondissement 62 cas. L'arrondissement d'Abbeville a été un peu épargné en 1903 : on n'y compte que 24 cas, avec un seul décès. Péronne a compté 19 cas et 5 décès ; Doullens, 30 cas, 5 décès ; Montdidier, 3 cas, un décès ; au total : 168 cas, 12 décès.

Fièvre typhoïde. — Elle a continué ses ravages ; l'arrondissement de Montdidier a été seul épargné ou, tout au moins, aucun foyer épidémique n'y a été constaté. L'arrondissement d'Amiens est celui qui en a présenté le plus de cas ; Amiens (ville), à elle seule, figure pour

107 cas déclarés et le reste de l'arrondissement pour 41 cas. L'arrondissement d'Abbeville mentionne 24 cas et 5 décès ; celui de Doullens 58 cas avec 8 décès ; celui de Péronne, 23 cas et 4 décès. Total : 253 cas, 17 décès.

Rougeole. — Elle a régné sous forme épidémique dans plusieurs communes, où les écoles ont dû être fermées.

Scarlatine. — On n'en signale que quelques cas disséminés : 26 dans l'arrondissement d'Amiens et 17, suivis de 2 décès, dans celui de Péronne.

Variole. — Cette maladie, qui avait régné en 1902 jusqu'au mois de juillet, a réapparu en novembre 1903, affectant la forme hémorragique. A Amiens, sur 32 cas signalés en novembre et décembre, on a eu à déplorer 14 décès ; il faut ajouter que le nombre des enfants non vaccinés est considérable. A la fin du mois de mai 1904, il était entré à l'Hôtel-Dieu 230 varioleux.

A signaler également des cas de *coqueluche*, observés dans tout le département, et 20 cas d'*oreillons* dans une commune de l'arrondissement de Doullens.

TARN. — Les renseignements sont des plus incomplets pour ce département ; cependant il est possible d'affirmer, d'après les médecins des épidémies, que de toutes les maladies épidémiques, c'est la *fièvre typhoïde* qui a fait le plus de victimes, au moins dans l'arrondissement d'Albi, où l'on a relevé 65 cas et 10 décès. L'arrondissement de Castres en signale 11 cas, suivis d'un décès.

La *diphtérie* a régné dans les arrondissements d'Albi : 16 cas, 2 décès, et de Castres : 5 cas. A noter également des épidémies de *grippe* et de *rougeole*, quelques cas d'*oreillons*, et enfin une épidémie de *variole* à Lavaur, importée par un prisonnier. La maladie a surtout sévi à l'hôpital, sur des vieillards qui n'avaient jamais été vaccinés ; elle s'est d'autant plus étendue qu'il n'existe pas dans cet établissement de pavillons d'isolement pour les maladies contagieuses.

TARN-ET-GARONNE. — Si l'on s'en rapporte aux documents fournis, l'état sanitaire de ce département a été satisfaisant. Les maladies signalées sont : la *diphtérie*, 20 cas ; la *fièvre typhoïde*, 60 et quelques cas ; la *dysenterie*, 7 cas ; la *rougeole*, 6 cas ; la *scarlatine*, 4 cas. Cette affection a nécessité le licenciement d'une école ; enfin, un cas de *variole*.

Toutes ces maladies ont apparu à l'état de cas isolés sur différents points du département ; il n'est pas fait mention des décès qu'elles ont occasionnés.

VAR. — Les renseignements fournis sont incomplets ; les médecins se contentent le plus souvent de donner le nombre des cas de maladies sans mentionner les décès, ou inversement. Dans le tableau résumé, par communes, des épidémies observées dans le département, on ne signale que 30 cas de *fièvre typhoïde*, alors que le médecin des épidémies de l'arrondissement de Toulon accuse un total de 135 décès causés par cette affection. Ce fait prouve à lui seul le peu de soins que l'on apporte à éclairer l'administration centrale sur les épidémies qui règnent en province. On peut faire la même observation pour la *variole*, pour laquelle 153 cas figurent sur le tableau général, alors que Toulon mentionne 154 décès de varioleux.

VAUCLUSE. — Deux arrondissements sur quatre ont fourni des renseignements : encore sont-ils incomplets.

Dans l'arrondissement d'Apt, il n'a été déclaré qu'un seul cas de *diphtérie* ; à Apt même, 19 cas de *fièvre typhoïde*, suivis d'un décès, un cas de *rougeole*, 44 cas de *scarlatine*, avec 2 décès, 7 cas de *variole*, dont un à Apt suivi de décès.

Dans l'arrondissement de Carpentras, on signale des cas de *coqueluche* et d'*oreillons* assez nombreux, un cas de *diphtérie* et 200 cas environ de *variole*, suivis de 58 décès, d'après le Dr Cavaillon qui a adressé à l'Académie un rapport sur cette épidémie importée, d'après lui, d'Avignon.

Enfin, la *scarlatine* a sévi notamment dans deux établissements d'instruction, qui ont dû être licenciés.

VENDÉE. — Dans son rapport, le médecin des épidémies de la Roche-sur-Yon met comme annotation que le service des épidémies n'est pas organisé de façon à pouvoir répondre aux questions posées dans les tableaux fournis par l'administration, qui ont trait au nombre des atteintes, des décès et des guérisons.

La *fièvre typhoïde* existe à l'état permanent dans un certain nombre de communes de cet arrondissement, sans qu'il soit possible d'en bien préciser les causes, qui semblent néanmoins dues à la mauvaise qualité des eaux d'alimentation. On en signale 44 cas dans l'arrondissement de la Roche-sur-Yon, et 40 dans celui des Sables-d'Olonne. Aucun renseignement n'a été fourni au sujet de l'arrondissement de Fontenay-le-Comte.

VIENNE. — On a observé, dans ce département, 37 cas de *diphtérie* ayant causé 3 décès et 60 cas de *fièvre typhoïde*, suivis de 11 décès. Cette dernière affection paraît devoir être attribuée à la pollution des eaux par les matières fécales, au moins dans l'arrondissement de Montmorillon, où des épidémies ont été signalées dans les communes de Chauvigny et de la Trémouille. Dans la première, la plupart des fosses d'aisances se vident dans le ruisseau et les autres ne sont pas étanches; or les puits sont distants du ruisseau de 1 à 5 mètres. Dans la seconde, les rues et les voies publiques servent de latrines.

Haute-Vienne. — D'après les renseignements adressés à l'administration, l'état sanitaire de ce département a été assez satisfaisant.

On ne signale, pour l'arrondissement de Limoges, que 7 cas de *fièvre typhoïde*, causés par la contamination de l'eau d'un puits situé en contre-bas d'une fosse d'aisances. Dans celui de Bellac, on ne relève que 8 *angines infectieuses* et 2 cas de *croup*, dont un mortel.

Dans l'arrondissement de Rochechouart, les déclarations ont porté sur 11 cas de *fièvre typhoïde*, suivis de 2 décès, et sur un seul cas de *variole*. D'après le médecin des épidémies de cet arrondissement, ce cas aurait été importé de Limoges, où la *variole* régnerait, d'après lui, depuis le mois de décembre 1902 et présentait à ce moment une recrudescence.

Je ferai remarquer à ce sujet que le médecin des épidémies de l'arrondissement de Limoges n'a nullement fait mention de cette maladie dans le rapport qu'il a adressé au préfet.

L'arrondissement de Saint-Yriex a fourni un état «néant».

Vosges. — On signale dans ce département 68 cas de *diphtérie* avec 3 décès, 56 cas de *fièvre typhoïde* et 5 décès, quelques cas de *grippe*, 97 cas d'*oreillons*, 982 cas de *rougeole* suivis de 14 décès, 71 cas de *scarlatine* avec 3 décès, 30 cas de *varicelle* et 5 cas de *variole* dont 1 mortel.

Yonne. — Sur les cinq arrondissements que comprend ce département, quatre ont fourni des renseignements, ce sont: Avallon, Joigny, Sens et Tonnerre.

Avallon. — Les maladies contagieuses relevées dans cet arrondissement sont: 11 déclarations de *fièvre typhoïde*, 2 de *diphtérie* suivies de décès et 4 de *scarlatine*. Ces diverses affections ont été observées dans différentes communes fort éloignées les unes des autres, sauf pour la *diphtérie*.

Joigny. — Le médecin des épidémies déclare n'avoir eu à observer que quelques cas isolés de *diphtérie*, de *rougeole* et de *scarlatine*, ainsi qu'une petite épidémie de *fièvre typhoïde* (4 cas dont un douteux, sans décès) à Cerisiers et enfin de la *grippe* qui sévit chaque année, au printemps, sous forme épidémique.

Sens. — Les maladies épidémiques signalées sont : la *coqueluche*, la *diphtérie*, la *fièvre typhoïde*, la *rougeole* et la *scarlatine*.

Coqueluche. — Quelques cas, qui ont été néanmoins suffisants pour motiver la fermeture des écoles pendant dix jours à Saint-Agnan et leur désinfection. On en a observé également quelques cas pendant le mois de décembre à Sancy (canton nord de Sens).

Diphtérie. — 54 cas suivis de 7 décès, dont 12 et 1 décès pour la ville de Sens.

Fièvre typhoïde. — Les cas de cette maladie qui se produisent dans l'arrondissement de Sens intéressent tout particulièrement Paris par suite de la captation des sources de la Vanne et du Lunain dont les eaux alimentent la capitale, qui ne peut rester indifférente aux affections observées dans les régions de ces sources.

La ville de Sens, par sa situation, est en effet un témoin qui renseigne admirablement sur l'état de pureté ou de contamination de la dérivation de la Vanne. Or, si la *fièvre typhoïde* a été fréquente à Sens en 1901 et en 1902, elle a été beaucoup plus rare en 1903, année au cours de laquelle on n'a relevé dans la ville que 5 cas suivis de 3 décès. Le total des cas signalés dans l'arrondissement est de 33 ayant entraîné 6 décès, dont 23 suivis de 2 décès se sont produits à Villethierry (canton de Pont-sur-Yonne), agglomération de 525 habitants. L'origine hydrique de la maladie a été évidente et a été causée par la consommation d'eau provenant de puits contaminés. On a observé en outre : 100 cas de *rougeole* et 2 de *scarlatine*.

Tonnerre. — Le médecin des épidémies de cet arrondissement ne signale que 9 cas de *diphtérie*, 13 de *fièvre typhoïde* et 3 de *scarlatine*; aucune de ces affections n'a causé de décès.

DEUXIÈME PARTIE

Résumé des maladies épidémiques et contagieuses qui ont régné en 1903 dans les divers départements.

Charbon. — Il n'a été signalé que dans le Loir-et-Cher, où il a causé 2 décès.

Choléra. — On n'en a observé que 6 cas, dans les départements de l'Ain, des Côtes-du-Nord, de la Loire-inférieure, de la Meuse.

Coqueluche. — Elle a été signalée dans 34 départements : Aisne, Aube, Basses-Alpes, Calvados, Charente-inférieure, Corrèze, Côte-d'Or, Côtes-du-Nord, Doubs, Drôme, Finistère, Gard, Gers, Gironde, Haute-Garonne, Ille-et-Vilaine, Indre, Haute-Loire, Lozère, Manche, Meurthe-et-Moselle, Meuse, Nièvre, Nord, Pas-de-Calais, Basses-Pyrénées, Rhône, Saône-et-Loire, Savoie, Seine-inférieure, Seine-et-Marne, Deux-Sèvres, Vaucluse, Yonne.

Diphtérie. — Signalée dans 71 départements : Aisne, Allier, Ardèche, Ariège, Aube, Aude, Aveyron, Bouches-du-Rhône, Calvados, Cantal, Charente-inférieure, Cher, Corrèze, Côte-d'Or, Côtes-du-

Nord, Creuse, Dordogne, Doubs, Drôme, Eure, Eure-et-Loir, Finistère, Gard, Gers, Gironde, Haute-Garonne, Hérault, Ille-et-Vilaine, Indre, Indre-et-Loire, Jura, Landes, Loir-et-Cher, Loire-inférieure, Haute-Loire, Loiret, Lot-et-Garonne, Lozère, Maine-et-Loire, Manche, Marne, Haute-Marne, Mayenne, Meurthe-et-Moselle, Meuse, Nièvre, Nord, Oise, Orne, Pas-de-Calais, Puy-de-Dôme, Basses-Pyrénées, Pyrénées-Orientales, Haut-Rhin, Rhône, Saône-et-Loire, Haute-Saône, Sarthe, Savoie, Haute-Savoie, Seine-inférieure, Seine-et-Marne, Deux-Sèvres, Somme, Tarn, Tarn-et-Garonne, Vaucluse, Vienne, Haute-Vienne, Vosges, Yonne.

Tous les départements susmentionnés n'ont pas payé un égal tribut à la *diphtérie*. Celui qui a été le plus éprouvé est le Rhône, dans lequel on a signalé 358 cas ayant entraîné 69 décès.

Trente-huit départements n'ont présenté que quelques cas; les 32 autres peuvent être classés de la manière ci-après par rapport au nombre des atteintes.

Dans 11 d'entre eux: Allier, Cantal, Côte-d'Or, Dordogne, Doubs, Lot-et-Garonne, Maine-et-Loire, Meurthe-et-Moselle, Nièvre, Deux-Sèvres, Vienne, il a été signalé de 27 cas (minimum) à 50 (maximum).

Dans 11 autres: Cher, Gard, Indre-et-Loire, Loir-et-Cher, Manche, Marne, Oise, Pas-de-Calais, Haute-Savoie, Vosges, Yonne, le nombre des atteintes a oscillé entre 50 et 100.

Enfin, dans 10 autres : Ardèche, Drôme, Gironde, Loire-inférieure, Haute-Loire, Nord, Saône-et-Loire, Seine-inférieure, Seine-et-Marne, Somme, le nombre des déclarations a varié entre 100 et 184 (chiffre maximum).

Les médecins des épidémies signalent, en général, que la maladie a pu être facilement enrayée dans tous les cas où l'on a eu recours aux injections de sérum de Roux pratiquées de bonne heure et à doses suffisantes.

Diarrhée cholériforme. — Il n'est fait mention de cette affection que dans deux départements : la Charente-inférieure et la Meurthe-et-Moselle; 28 cas dans le premier, sans décès, et 32 dans le second, dont un mortel.

Diarrhée infantile. — Elle n'a été signalée que dans 4 départements : Allier, Indre, Savoie, Seine-inférieure; c'est ce dernier qui a été le plus éprouvé : 352 décès occasionnés par cette maladie ont été enregistrés dans l'arrondissement du Havre et 361 dans les autres localités.

Dysenterie. — Cette affection a été observée dans 10 départements: Allier, Ardèche, Charente-inférieure, Côte-d'Or, Drôme, Finistère, Haute-Garonne, Meurthe-et-Moselle, Basses-Pyrénées, Tarn-et-Garonne.

Le nombre des atteintes signalées a été en général peu élevé; dans 5 des départements cités ci-dessus: Côte-d'Or, Drôme, Finistère, Meurthe-et-Moselle, Tarn-et-Garonne, le nombre des atteintes a oscillé entre 2 et 7, n'ayant entraîné qu'un seul décès.

Le département de la Charente-inférieure figure avec 19 cas et 1 décès; celui des Basses-Pyrénées avec 19 cas et 3 décès.

Le département de l'Ardèche a été le plus éprouvé: l'on y a signalé 95 cas suivis de 23 décès; vient ensuite l'Allier avec 23 cas, sans décès.

La *dysenterie* a également sévi dans six communes du département de la Haute-Garonne, sans que l'on soit parvenu à en déterminer la cause. L'eau a été incriminée, mais sans preuves; ce qui a été bien établi, c'est que cette affection n'a été constatée que depuis peu de temps dans la région.

Fièvre typhoïde. — Sur les 77 départements qui ont fourni des renseignements sur les maladies épidémiques qui y ont été observées, 76 ont signalé l'existence de la *fièvre typhoïde*. Ce sont : Ain, Aisne, Allier, Ardèche, Ardennes, Ariège, Aube, Aude, Aveyron, Basses-Alpes, Bouches-du-Rhône, Calvados, Cantal, Charente, Charente-inférieure, Cher, Corrèze, Côte-d'Or, Côtes-du-Nord, Creuse, Dordogne, Doubs, Drôme, Eure, Finistère, Gard, Gers, Gironde, Haute-Garonne, Hérault, Ille-et-Vilaine, Indre, Indre-et-Loire, Jura, Landes, Loir-et-Cher, Loire-inférieure, Haute-Loire, Loiret, Lot-et-Garonne, Lozère, Maine-et-Loire, Manche, Marne, Haute-Marne, Mayenne, Meurthe-et-Moselle, Meuse, Nièvre, Nord, Oise, Orne, Pas-de-Calais, Puy-de-Dôme, Basses-Pyrénées, Pyrénées-Orientales, Haut-Rhin, Rhône, Saône-et-Loire, Haute-Saône, Sarthe, Savoie, Haute-Savoie, Seine-inférieure, Seine-et-Marne, Deux-Sèvres, Somme, Tarn, Tarn-et-Garonne, Var, Vaucluse, Vendée, Vienne, Haute-Vienne, Vosges, Yonne.

Quarante-et-un des départements mentionnés ci-dessus ont été plus particulièrement éprouvés. On en compte 20 dans lesquels le nombre des atteintes a oscillé entre 50 et 100; 10 dans lesquels il y a eu de 100 à 200 cas et 8 dans lesquels ce dernier chiffre a été atteint et même dépassé.

C'est la Loire-inférieure qui vient en tête avec 462 cas ; puis viennent, par ordre décroissant: le Finistère, 435; l'Ardèche, 281 ; les Bouches-du-Rhône, 274; la Somme, 253 ; le Puy-de-Dôme, 246 ; le Gard, 220; le Doubs, 215 ; l'Ille-et-Villaine, 198 ; la Seine-inférieure, 174; les Côtes-du-Nord, 143; le Cher, 127 ; le Nord, 125 ; la Marne, 119; etc. Dans le plus grand nombre des cas, la *fièvre typhoïde* aurait été causée par la pollution des eaux d'alimentation: cependant il a été parfois impossible d'en déterminer la cause.

Grippe. — La grippe a été signalée dans 28 départements : Allier, Ardennes, Ariège, Bouches-du-Rhône, Calvados, Charente-inférieure, Dordogne, Gard, Gers, Gironde, Ille-et-Vilaine, Indre, Landes, Lozère, Manche, Mayenne, Meurthe-et-Moselle, Nord, Oise, Pas-de-Calais, Puy-de-Dôme, Basses-Pyrénées, Rhône, Saône-et-Loire, Sarthe, Seine-inférieure, Tarn, Vosges.

Cette affection n'a pas présenté en général une grande gravité en 1903, mais on constate qu'elle a pris définitivement pied dans un grand nombre de localités, où elle sévit chaque année à l'approche de la saison froide.

Oreillons. — Les oreillons ont régné dans 24 départements : Aisne, Aube, Calvados, Charente-inférieure, Côtes-du-Nord, Dordogne, Gers, Haute-Garonne, Indre, Landes, Haute-Loire, Maine-et-Loire, Manche, Mayenne, Meurthe-et-Moselle, Nièvre, Nord, Basses-Pyrénées, Rhône, Seine-inférieure, Seine-et-Marne, Tarn, Vaucluse, Vosges.

Cette affection n'a pas présenté de caractère de gravité; elle a obligé, néanmoins, à la fermeture d'un certain nombre d'écoles et, dans le département de la Haute-Garonne, l'on a observé sur les jeunes gens des complications testiculaires dans la proportion de 10 p. 100 des atteintes.

Pelade. — La pelade a été observée dans 4 départements : Côtes-du-Nord, Indre-et-Loire, Meurthe-et-Moselle, Nièvre.

Peste. — Une petite épidémie de cette affection, qui s'est chiffrée par 18 cas suivis de 5 décès, a été observée dans une usine de la banlieue de Marseille (Bouches-du-Rhône), en septembre 1903.

Rougeole. — Elle a été déclarée dans 55 départements : Ain, Aisne, Ariège, Aube, Aveyron, Basses-Alpes, Calvados, Cantal, Charente-inférieure, Cher, Corrèze, Côte-d'Or, Côtes-du-Nord, Dordogne, Doubs, Drôme, Finistère, Gard, Gers, Gironde, Haute-Garonne, Hérault, Indre, Indre-et-Loire, Jura, Loire-inférieure, Haute-Loire. Maine-et-Loire, Manche, Marne, Mayenne, Meurthe-et-Moselle, Meuse, Nord, Oise, Pas-de-Calais, Puy-de-Dôme, Basses-Pyrénées, Pyrénées-Orientales, Haut-Rhin, Rhône, Saône-et-Loire, Haute-Saône, Sarthe, Savoie, Haute-Savoie, Seine-inférieure, Seine-et-Marne, Deux-Sèvres, Somme, Tarn, Tarn-et-Garonne, Vaucluse, Vosges, Yonne.

Il est absolument impossible de se rendre un compte exact des ravages causés par cette maladie, pour laquelle on ne fait pas, la plupart du temps, de déclarations. D'autre part, les médecins sont rarement appelés près des malades.

Parmi les départements énumérés ci-dessus, ceux qui semblent avoir été les plus éprouvés sont : l'Aube, où l'on a déclaré 1.091 cas et 3 décès ; le Calvados : 427 cas, 9 décès ; la Dordogne : 825 cas, 8 décès ; la Haute-Garonne, où elle a sévi d'une façon exceptionnelle, tout en présentant une grande bénignité ; la Gironde, où elle a été fréquente et a revêtu une gravité qu'on ne lui connaissait pas depuis longtemps — la ville de Bordeaux compte 71 décès à son actif, contre 40 en 1902 ; l'Hérault, dans les divers arrondissements duquel se sont produits des centaines de cas : elle règne d'ailleurs depuis deux ans dans la région de Montpellier ; la Loire-inférieure : 512 cas, 109 décès ; la Haute Loire : plus de 1.068 cas, 41 décès ; la Meuse, dans lequel elle a pris l'allure épidémique et a obligé à la fermeture de 18 écoles ; le Pas-de-Calais, dans lequel on signale 957 cas, 5 décès ; la Haute-Saône, où elle a régné à l'état épidémique ; la Seine-inférieure, où elle a sévi épidémiquement dans plusieurs arrondissements : on compte 43 décès au Havre et 36 décès dans les autres localités de l'arrondissement ; pendant tout le cours de l'année elle a régné à Dieppe, où elle a obligé à la fermeture d'écoles ; des épidémies sont également signalées dans plusieurs communes de l'arrondissement d'Yvetot. On enregistre en outre des épidémies de cette affection dans la Somme et le Tarn. Dans le département des Vosges, 982 atteintes, suivies de 14 décès, ont été déclarées ; dans l'Yonne, l'on signale de nombreux cas.

Scarlatine. — Elle a été signalée dans 52 départements : Ain, Aisne, Ardèche, Aube, Aveyron, Calvados, Cantal, Charente-inférieure, Cher, Côte-d'Or, Creuse, Dordogne, Doubs, Drôme, Eure-et-Loir, Finistère, Gard, Gers, Gironde, Haute-Garonne, Hérault, Indre, Indre-et-Loire, Landes, Loire-inférieure, Loiret, Lot-et-Garonne, Lozère, Marne, Haute-Marne, Mayenne, Meurthe-et-Moselle, Nièvre, Nord, Oise, Pas-de-Calais, Basses-Pyrénées. Pyrénées-Orientales, Puy-de-Dôme, Haut-Rhin, Rhône, Saône-et-Loire, Savoie, Haute-Savoie, Seine-inférieure, Seine-et-Marne, Deux-Sèvres, Somme, Tarn-et-Garonne, Vaucluse, Vosges, Yonne.

Les départements qui ont le plus souffert sont : le Rhône : 276 cas et 12 décès : la Marne : 250 à 300 cas, 9 décès ; la Haute-Loire : 248, 7 décès ; les écoles ont dû être fermées ; le Cher : 215 cas, 5 décès ; la Seine-et-Marne : 215 cas, 6 décès : la Charente-inférieure : 129 cas, un décès ; la Savoie : 124 cas. 8 décès ; l'Ain : 120 cas, 3 décès ; le Puy-de-Dôme : 164 cas, 14 décès ; la Meurthe-et-Moselle : 81 cas, 4 décès : le Gard, 75 cas, un décès ; l'Ardèche : 93 cas, 5 décès ; les Vosges : 71 cas, 3 décès. Les chiffres ci-dessus ne peuvent donner qu'une idée tout à fait approximative du nombre des atteintes de *scarlatine*, attendu que pour cette maladie, comme pour la *rougeole*, l'on ne fait que rarement appel aux médecins.

Varicelle. — Elle n'a été signalée que dans 10 départements :

Aube, Calvados, Charente-inférieure, Drôme, Gard, Indre, Meurthe-et-Moselle, Haute-Savoie, Seine-et-Marne, Vosges.

Variole. — La *variole* a visité 50 départements : Ain, Aisne, Allier, Ardèche, Ardennes, Ariège, Aube, Aude, Aveyron, Basses-Alpes, Bouches-du-Rhône, Cantal, Charente-inférieure, Cher, Côte-d'Or, Côtes-du-Nord, Drôme, Eure, Finistère, Gard, Gers, Gironde, Haute-Garonne, Hérault, Ille-et-Vilaine, Indre, Jura, Loire-inférieure, Haute-Loire, Lot-et-Garonne, Lozère, Mayenne, Meuse, Nord, Oise, Pas-de-Calais, Pyrénées-Orientales, Haut-Rhin, Rhône, Sarthe, Savoie, Haute-Savoie, Seine-inférieure, Seine-et-Marne, Somme, Tarn, Var, Vaucluse, Haute-Vienne, Vosges.

Parmi les 50 départements dans lesquels la *variole* a été signalée, 14 ont été plus particulièrement éprouvés ; celui qui vient en tête est le département des Bouches-du-Rhône, dans lequel 1.141 décès varioleux ont été enregistrés, sans que l'on ait indiqué le nombre des cas ; puis viennent ensuite, par ordre décroissant : le Gard, avec 856 atteintes et 115 décès ; le Finistère, avec 515 cas et 65 décès ; l'Hérault, avec 300 cas et 27 décès ; la Somme, avec 230 cas ; la Gironde, avec 201 ; le Vaucluse, avec 200 ; l'Ardèche, avec 164 cas et 24 décès ; la Drôme : 119 cas, 2 décès ; le Pas-de-Calais : 102 cas, 20 décès ; l'Allier : 89 cas, 6 décès ; les Pyrénées-Orientales : 67 cas, etc. Le Var a enregistré 154 décès pour l'arrondissement de Toulon, alors que l'on ne fait figurer sur le tableau général que 153 atteintes.

Varioloïde. — La *varioloïde* n'a été signalée que dans 5 départements : Calvados, Gard, Lot-et-Garonne, Maine-et-Loire, Pas-de-Calais.

TROISIÈME PARTIE

Analyse des divers travaux adressés à l'Académie.

L'Académie a reçu les rapports des Conseils d'hygiène, pour l'année 1902, des départements ci-après : Gers, Gironde, Oise, Seine-et-Marne, Somme, Vienne (1902 et 1903) et le rapport général sur le service vétérinaire sanitaire dans le département de l'Oise.

De nombreux documents des plus intéressants ont été en outre adressés à l'Académie par nos confrères civils et militaires à qui nous tenons à exprimer ici tous nos remerciements pour le zèle et le dévouement qu'ils ne cessent d'apporter afin de nous éclairer sur les maladies épidémiques qui règnent en France ou aux colonies. Nous analyserons succinctement ces derniers travaux.

I. — *Étude épidémiologique de la garnison de Montélimar*, par le médecin-major Hublé (Martial), médecin de l'hôpital Saint-Martin, à Paris.

Ce travail, très bien présenté et très étendu, comprend une étude de topographie médicale et de climatologie de la ville de Montélimar, l'historique succinct des épidémies qui ont atteint la garnison de cette ville de 1890 à 1899 et enfin la relation des épidémies observées par l'auteur, de la fin de 1899 au 1er janvier 1903 et qui comprennent deux épidémies de *fièvre typhoïde* d'origine hydrique, une épidémie de *rougeole* et une de *diphtérie*.

II. — *Étude sur une épidémie de fièvre typhoïde d'origine hydrique dans la garnison de Verdun*, par le médecin-major de 2e classe Saint-Martin (Henry), du 150e d'infanterie.

Cette épidémie a sévi dans la première quinzaine d'octobre, puis a brusquement cessé ; il y a eu 56 atteintes dont 10 assez graves qui ont revêtu la forme ataxo-adynamique. On ne compte que 4 décès. La contamination n'a porté que sur les fractions de la troupe qui avaient été cantonnées, au cours des manœuvres, dans le village de Billy-sous-Mangiennes et avaient fait usage d'eau de puits contaminés.

III. — *La fièvre typhoïde et ses conditions étiologiques dans le 3e corps d'armée*, par le médecin-major de 2e classe Conor, attaché à la direction du service de santé du 3e corps d'armée.

L'auteur fait tout d'abord ressortir la fréquence de la *fièvre typhoïde* dans le 3e corps réparti dans les départements du Calvados, de l'Eure et de la Seine-inférieure ; il examine ensuite la constitution géologique de cette région et expose les causes de contamination de la nappe aquifère dans les terrains calcaires.

Toutes les villes de garnison sont passées en revue, au point de vue de leurs antécédents épidémiologiques.

La moyenne de la morbidité annuelle par *fièvre typhoïde* est de 9,25 p. 1.000 pour le 3e corps, alors qu'elle n'est que de 7,48 p. 1.000 pour l'ensemble de l'armée, l'Algérie et la Tunisie non comprises.

IV. — *Épidémie de fièvre typhoïde de la garnison de Rouen (février-mars 1903)*, par le médecin-major de 2e classe Conor.

Cette épidémie, qui a été grave, a débuté dans la deuxième quinzaine de janvier 1903 et a duré jusqu'au 12 mars ; tous les corps de la garnison lui ont payé leur tribut ; on a enregistré 83 cas, 14 décès, soit, sur un effectif de 3.902 hommes, une morbidité de 21,2 p. 1.000 et une mortalité de 3,5 p. 1.000.

Il a été admis que l'épidémie a été causée par la contamination d'une source (Saint-Jacques) qui était insuffisamment protégée ; à quelques mètres en effet se trouvaient réunies de nombreuses causes d'infection : maisons d'habitation, fosses d'aisances, lavoir public, buanderie, etc. Cette source fut fermée le 15 février et l'épidémie cessa dès les premiers jours de mars.

V, — *Une petite épidémie de villages (Nancray et Saône)*. — *Comment on défend les eaux d'alimentation d'une grande ville.* — *Le rôle des laiteries-fromageries « ou fruitières » de la région dans la genèse et la propagation des épidémies typhoïdes*, par le Dr Baudin, médecin-directeur du bureau d'hygiène de Besançon.

La petite épidémie typhoïdique dont il est question dans ce rapport a été, en elle-même, peu importante : 12 cas répartis en trois mois entre deux villages ; elle n'en est pas moins intéressante à signaler parce qu'elle a permis d'établir qu'il est possible, sans grands frais, mais en exerçant une surveillance active sur les sources, et en prenant des précautions dès l'apparition des premiers cas de fièvre typhoïde, de défendre les eaux d'alimentation d'une grande ville.

Ce travail met bien en évidence le rôle des laiteries-fromageries, dites « fruitières » en Franche-Comté, dans la genèse et le développement de nombre d'épidémies typhoïdiques. Le Dr Baudin joint à son rapport une notice qu'il a rédigée au nom du bureau d'hygiène au sujet de la *fièvre typhoïde* et dans laquelle il indique la manière dont se fait la contagion, les moyens de s'en préserver et les désinfections à pratiquer, suivant qu'il s'agit du malade, de ses linges, de ses selles, etc., ou des personnes appelées à le soigner.

VI. — *Étiologie. — Traitement et prophylaxie de la fièvre typhoïde*, par le Dr Desgranges, médecin des épidémies à Marchenoir (Loir-et-Cher).

Ce rapport est basé sur l'observation de 53 cas de *fièvre typhoïde* observés dans le canton de Marchenoir pendant l'espace de sept années.

La *fièvre typhoïde* existe à l'état endémique dans cette partie de la Beauce où les bourgades sont alimentées en eau par un ou deux puits servant à tous les habitants ; quelques-uns cependant recueillent l'eau de pluie dans des citernes. Cette eau serait plus dangereuse que celle des puits, au dire du Dr Desgranges, quand on ne prend pas la précaution de la faire filtrer à travers une couche épaisse de sable, avant de la laisser arriver dans la citerne.

L'eau semble avoir été, 22 fois sur 33, l'agent de contagion ; dans d'autres cas, l'air a servi de véhicule ; les mouches ont été également incriminées.

VII. — *Rapport sur la fièvre typhoïde à Lesneven (Finistère)*, par M. le Dr J. Odeyé.

Tous les ans, on constate pendant toute l'année quelques cas de *fièvre typhoïde* qui deviennent plus nombreux à l'automne, et assez parfois pour constituer une véritable épidémie. La cause en est depuis longtemps connue, elle tient à la mauvaise qualité des eaux de puits dont l'analyse a révélé la contamination. Depuis cinquante ans, on réclamait une eau pure : satisfaction va être enfin donnée à cette agglomération. L'eau de Lesneven n'était pas seulement dangereuse pour ses habitants, mais aussi pour toute la population flottante des environs, et elle est nombreuse, qui se rend chaque lundi dans cette ville où se tient le marché le plus important du Finistère.

Notre confrère fait une peinture navrante de l'hygiène dans les campagnes et montre le sort réservé aux malades n'ayant d'autre lit que le lit clos, sorte de caisse où ils manquent absolument d'air, de lumière et où il est à peu près impossible de les soigner convenablement ; aussi un typhique à la campagne est-il un foyer de contagion directe pour ceux qui l'approchent et toute la maison y passe. Le Dr Odeyé qui a présenté un rapport fort intéressant nous promet de nous tenir au courant des résultats qu'il attend d'une amenée d'eau de bonne qualité, au point de vue de la *fièvre typhoïde*, à Lesneven et dans les environs.

VIII. — *Rapports sur des épidémies de fièvre typhoïde, de rougeole et de scarlatine,* par M. le Dr Gagniére, médecin à Saint-Chef (Isère).

Les nombreux travaux que notre confrère a fait parvenir à l'Académie sont fort intéressants et dénotent à la fois chez son auteur un grand souci de sa profession et un grand esprit d'observation.

Il entre, à propos des différentes affections qu'il a eu occasion d'observer, dans une foule de considérations qui font de ses travaux un véritable traité de ces maladies. Le tout est accompagné d'idées personnelles sur la marche, les symptômes, le traitement de ces affections, sur la prophylaxie et les mesures à prendre contre les épidémies. Les différents travaux du Dr Gagniére se terminent par des considérations sur l'hygiène publique.

IX. — *La rougeole et la scarlatine dans le 9e corps d'armée au cours des cinq dernières années, 1899-1903*, par le médecin-major Georges Moinet, attaché à la direction du service de santé du 9e corps, à Tours.

Le 9e corps d'armée paie chaque année un assez lourd tribut aux fièvres éruptives et se classe, relativement à leur fréquence, en mauvaise place dans la statistique de l'armée. De 1899 à 1903, sur un effectif moyen de 21.717 hommes, on a enregistré 1.716 cas de *rougeole* suivis de 20 décès et 1.051 cas de *scarlatine* avec 30 décès, soit une moyenne de 4 décès par an pour la première et 6 pour la deuxième de ces affections.

De l'enquête à laquelle s'est livré le Dr Moinet au sujet de ces maladies, il résulte que, sur 29 épidémies de *rougeole*, l'importation a été manifeste 19 fois : que 5 fois le doute subsiste entre l'importation et la reviviscence possible de germes antérieurs, et que 5 fois enfin, en l'absence de toute autre cause étiologique appréciable, on peut admettre la reviviscence de germes préexistants.

Sur 12 épidémies de *scarlatine*, la contagion prise en dehors de la caserne a été patente 9 fois; dans 2 cas il y a hésitation entre l'importation et la reviviscence.

La conclusion qu'en tire notre confrère est la suivante : *le soldat reçoit plus souvent du civil la rougeole et la scarlatine qu'il ne les lui transmet.*

Le rapport se termine par des considérations sur les mesures prophylactiques à prendre dans les casernes pour éviter la propagation de ces maladies.

Dans un second travail, le Dr G. Moinet donne un aperçu comparatif sur *la morbidité et la mortalité des trois grandes garnisons du 9e corps : Tours — Angers — Poitiers et sur leur salubrité respective*. Ces garnisons sont très inégalement éprouvées : Angers a un état sanitaire satisfaisant. Tours vient en deuxième ligne, par suite de sa morbidité qui est fort élevée, épidémies de *rougeole* et de *diphtérie* fréquentes. Poitiers se classe la dernière, la morbidité et la mortalité dépassant de beaucoup celles de Tours.

X. — *Saint-Mihiel. — Topographie médicale, nosologie et hygiène militaires* par M. le médecin principal de 2e classe Camus (Fernand).

Travail très documenté dans lequel notre confrère passe successivement en revue la situation géographique de Saint-Mihiel, sa géologie, son hydrologie, son sol, ses cultures, ses richesses minérales, sa météorologie, sa population, les conditions générales d'hygiène de la ville. Vient ensuite l'hygiène particulière et la nosologie du groupe militaire.

Les troupes sont logées dans des baraquements construits en 1871 ou dans des casernes; or, les chasseurs à pied qui sont dans les baraques jouissent d'un état sanitaire meilleur que celui des autres corps de la garnison, logés dans les casernes qui sont cependant des modèles du genre. Les causes de cette anomalie sont multiples, d'après notre confrère; recrutement des chasseurs à pied, pour une très large proportion, dans les départements bretons et normands; recrutement du reste de la troupe dans les grandes villes: Paris—Reims—Lille, où les prédispositions morbides sont plus fréquentes par suite de la misère physiologique chez des enfants soumis trop tôt au travail des manufactures, etc.

Il faut aussi faire entrer en ligne de compte les causes spéciales au service à Saint-Mihiel: travail intensif de préparation à la guerre et agglomération, conditions inévitables du rassemblement de grandes masses d'hommes, climat froid et humide, alimentation défectueuse sous le rapport de l'approvisionnement en viande, etc.

Les affections les plus souvent observées sont les *maladies des voies respiratoires*, les *rhumatismes*, la *grippe*, la *fièvre typhoïde*, les *oreillons*, la *rougeole*, la *scarlatine*; la *variole* est rare.

Notre confrère exprime en terminant son travail des desiderata sur l'alimentation du soldat, sur son habillement, son logement.

XI. — *Notes sur les maladies épidémiques observées au 23e régiment d'artillerie à* Toulouse, par le médecin-major de 1re classe Cassedebat.

Les maladies observées ont été : les *oreillons*, la *rougeole* et la *scarlatine*, soit 15 cas de la première, 9 de la deuxième, et 19 de la troisième.

La *rougeole* et la *scarlatine* ont sévi de janvier à mai; les *oreillons* se sont montrés au moment où les autres maladies disparaissaient pour finir vers le milieu de juin. Il a été impossible de savoir si ces maladies avaient pris naissance dans le quartier ou si elles avaient été importées du dehors.

XII. — *La rougeole au 94e régiment d'infanterie 1902 — 1903 — 1904 à Bar-le-Duc*, par le médecin-major de 1re classe Joly (Pierre-Lucien).

Chaque année la *rougeole*, importée le plus souvent de l'extérieur, fait son apparition à la fin de l'hiver dans la garnison de Bar-le-Duc pour disparaître fin mai, après avoir sévi surtout sur les jeunes soldats du contingent.

Les faits saillants de ces épidémies sont : 1° la prédilection des épidémies observées pour un type de casernement; 2° l'influence favorable du traitement par la photothérapie négative sur l'évolution de l'affection.

Le 2e bataillon a toujours été plus particulièrement atteint.

et il a été impossible de trouver de cause autre, que leur casernement dans 7 baraques au rez-de-chaussée dont le mauvais état des planchers diminue singulièrement la valeur hygiénique.

XIII. — *Navires et moustiques (stegomya fasciata)*, par M. le Dr J. Dupuy, médecin sanitaire maritime.

Ce travail a trait à la vitalité des moustiques à bord des navires, où ils trouvent toutes les conditions voulues pour s'alimenter et déposer leurs œufs dans les caisses à eau où ils subissent leur évolution.

On sait depuis longtemps que si les moustiques ne volent pas très loin, ils peuvent néanmoins être entraînés à des distances considérables par les vents et c'est ce qui explique souvent leur présence à bord des navires sur rade, mouillés cependant très loin de terre. Ils y arrivent aussi à l'état de larves par les bateaux-citernes chargés de l'approvisionnement en eau des navires. Devenus insectes parfaits, ils trouvent facilement à se nourrir à bord.

La présence de ces insectes à bord explique bien des épidémies de fièvre jaune sur les navires et le transport de cette maladie à distance, depuis que l'on connaît le rôle joué par ces culicides dans sa transmission.

Il y aura donc lieu désormais de prendre des dispositions pour détruire ces insectes à bord des navires, surtout dans les régions où règne le typhus amaril.

XIV. — *L'ophtalmie granuleuse à Bordeaux*, par M. le Dr Étienne Ginestous, médecin oculiste.

Dans ce travail, l'auteur consacre quelques lignes à l'historique de l'ophtalmie granuleuse, tant en France qu'à Bordeaux, où on ne s'occupa de cette affection que vers 1862. D'après les statistiques, il a été établi que cette maladie cause 1,93 p. 100 des cécités bioculaires et 0,32 des cécités monoculaires. Depuis un quart de siècle, elle est en décroissance notable à Bordeaux; la proportion des granuleux observés, qui était de 9,54 p. 100 en 1879, est tombée en 1903 à 0,72. Cette amélioration tient pour une large part à l'installation des cliniques gratuites qui permettent à une foule de malheureux de recevoir des soins qu'ils n'avaient pas autrefois, et aussi à la guerre à outrance entreprise contre les logements insalubres, vrais foyers d'ophtalmie granuleuse.

XV. — *Fièvre typhoïde et eaux potables : les eaux de Laon*, par le Dr Blanquinque.

Excellent travail dans lequel l'auteur démontre que la ville de Laon est une de celles qui sont le mieux partagées sous le rapport des eaux de source; aussi a-t-elle vu disparaître la *fièvre typhoïde* depuis qu'elle s'est décidée à capter des eaux éloignées de tout groupement humain.

XVI. — *La potabilité des eaux de la ville de Noyon. Le puits artésien et les eaux de source*, par MM. les Drs Milet et Delobel.

Communication faite au conseil municipal de Noyon, en vue de détruire l'opinion en cours dans le public, que l'eau du puits artésien qui avait été foré pour parer à l'insuffisance, pendant l'été, du débit des sources qui alimentaient la ville, était suspecte. Les auteurs arrivent à cette conclusion que l'eau du puits artésien est parfaitement potable, qu'elle est de bonne qualité et peut servir aux usages alimentaires.

XVII. — *Étude sur la situation sanitaire de l'arrondissement de Nantes pendant l'année 1903*, par le Dr G. Bertin, médecin des épidémies.

Ce travail est une suite aux études entreprises par l'auteur sur le même sujet depuis douze ans. Il comprend trois chapitres bien distincts : 1° *mortalité générale* ; 2° *fièvre typhoïde* : 3° *tuberculose*. Celui qui comporte le plus de développement est celui qui est consacré à la *fièvre typhoïde*. Les améliorations si remarquables apportées dans le service municipal des eaux distribuées aux habitants, la construction déjà si avancée des égouts permet d'espérer que la ville de Nantes sera bientôt assainie, que l'on verra diminuer de plus en plus le nombre des cas de *fièvre typhoïde* et que, par suite, les maisons insalubres, si nombreuses dans différents quartiers, ne resteront pas ainsi des foyers de propagation de la *tuberculose* qui a occasionné, en 1903, un chiffre de décès supérieur au cinquième des décès généraux.

XVIII. — *Les épidémies dans la ville de Vitry-le-François (Marne) et dans son arrondissement,* par le Dr L. Mougin.

Ce travail fort intéressant comprend des études et des recherches sur l'hygiène locale. L'auteur reproduit d'abord deux travaux : l'un publié en 1785 dans le « Journal de médecine militaire » et intitulé : *Topographie médicale de Vitry-le-François et de ses environs* par M. Mangin, chirurgien-major de l'hôpital militaire de cette ville : le second, publié en l'an VI de la République, est intitulé : *Observations et réflexions sur les fièvres intermittentes et rémittentes malignes d'automne*, communiquées à ses concitoyens par le citoyen Moreau, médecin de l'hôpital de Vitry-sur-Marne.

La cinquième partie de ce mémoire est une communication sur les eaux de la ville, faite au conseil d'hygiène de l'arrondissement de Vitry-le-François, par M. Lambert, ingénieur, qui conclut que les eaux d'alimentation de la ville sont abondantes et agréables à boire, mais qu'elles peuvent être contaminées par suite de causes accidentelles ; il y aurait donc lieu d'apporter, dès à présent, des améliorations qui sont indiquées au cours du rapport.

XIX. — *Rapports de la commission nommée par le préfet d'Ille-et-Vilaine à l'effet d'étudier la salubrité des parcs ostréicoles de Cancale.*

Ce travail se compose de trois parties : Étude topographique. — Étude chimique. — Étude bactériologique.

De la triple enquête topographique, chimique et bactériologique faite par la commission, à l'effet d'étudier la salubrité des parcs à huîtres de Cancale, il résulte : que les parcs ostréicoles d'expédition de cette localité, ne sont pas établis dans des conditions insalubres justifiant les accusations portées d'une manière générale sur les huîtres qui en proviennent directement. Toutefois, les travaux de la commission ont démontré qu'à marée baissante, la contamination de la mer, se produisant au niveau du port de la Houle, est susceptible de s'étendre jusqu'aux parcs, dont une partie peut se trouver ainsi comprise dans la zone polluée elle-même. La contamination de l'eau des parcs qui peut, en certaines circonstances, provenir de ce fait, est inconstante et très faible. Mais il importe au nom de l'hygiène et de la salubrité publiques, comme au nom des intérêts les plus chers de la population cancalaise, de faire disparaître la possibilité de cette contamination, si minime qu'elle soit.

Parmi les mesures à prendre immédiatement, il faut d'après la commission :

1° S'opposer à la pollution actuelle ou ultérieure de toute la partie du rivage qui s'étend de l'extrémité nord des parcs à la pointe du Hoc, région dans laquelle on doit vivement regretter l'établissement récent d'un boulevard et d'un hôtel ;

2° Organiser des fosses-mortes étanches ou des tinettes mobiles aux latrines publiques existant au port de la Houle entre les deux jetées : l'Épi et la Fenêtre ;

3° Fermer la voûte percée dans la jetée de la Fenêtre, près de son extrémité nord, qui constitue une mesure extrêmement importante en l'espèce ;

4° Déplacer des parties sud et ouest les parcs d'expédition et les porter vers le nord.

D'autres mesures doivent être dès aujourd'hui mises à l'étude par la municipalité cancalaise ; elles sont relatives :

a) A l'organisation d'un système de vidange pour toute l'agglomération de la Houle et de Cancale ;

b) Au déversement de toutes les eaux pluviales et ménagères, à l'exclusion des vidanges, non plus directement dans le port de la Houle et au voisinage des parcs, mais au delà de la jetée de l'Épi, par un canal collecteur suivant les quais de la Houle, de l'est à l'ouest.

XX. — *Une épidémie de peste à Blida en 1903. — Épidémie de maison*, par le médecin-major de 2e classe F. Benoît.

Cette épidémie de maison s'est réduite à 3 cas suivis de décès. Elle a débuté par un premier cas de pneumonie fort grave, à allures insolites, survenu en ville, qui fut suivi quatre jours après sa terminaison fatale d'un autre cas de pneumonie dans la même famille. Cinq jours plus tard, on constatait chez un troisième membre de la même famille un état infectieux très grave, mais sans pneumonie.

Quant à l'origine de cette épidémie, elle est restée obscure ; elle semble avoir eu pour point de départ l'arrivée à Blida d'une jeune fille d'Alger venue chez des parents pour assister à un mariage. Cette jeune personne, qui a été la première victime, était la fille d'un employé d'une grande minoterie d'Alger qui, sans que le fait ait été établi avec certitude, avait, paraît-il, traité récemment des grains chargés à Taganrok. Or, à ce moment, des cas plus ou moins avoués de peste s'étaient produits en Orient. On suppose que cette jeune fille avait aspiré des poussières virulentes contenues dans les grains manutentionnés, en se promenant dans les locaux où son père travaillait. Elle s'occupait en outre de la voilière de son père et était exposée de ce fait au contact des grains suspects.

XXI. — *Le paludisme à forme typhoïde*, par le Dr A. Billet, médecin major de 1re classe à l'hôpital militaire de Constantine.

Le *paludisme à Touggourt en 1902*, par le médecin aide-major de 1re classe H. Chaudoye et *Description des moustiques de Touggourt*, par le Dr A. Billet, médecin-major de 1re classe.

Dans la première brochure, notre confrère attire l'attention sur une forme très commune du *paludisme* que l'on peut facilement confondre avec la *fièvre typhoïde*, si l'on ne pratique pas minutieusement l'examen du sang. Sur un total général de plus de 400 observations de *paludisme*, il a réuni 40 observations ayant trait à cette variété, ce qui constitue une proportion de 10 p. 100 en faveur de cette forme spéciale et démontre combien elle est fréquente. Elle doit donc attirer l'attention toute particulière des médecins qui pratiquent en pays palustre.

Dans la deuxième brochure, le Dr Chaudoye donne un aperçu sur Touggourt, capitale de toute la région désignée en Algérie sous le nom d'Oued-Rhir et située entre le 3° et 4° de longitude est et par le 33° de latitude nord, à 220 kilomètres au sud de Biskra. Ce poste avancé du sud est en notre possession depuis 1854. Or, la *malaria* existe sous toutes ses formes dans ce poste.

En 1903, l'apparition du *paludisme* a coincidé avec une pullulation extraordinaire de moustiques du genre *anopheles*. Cette endémie sévit de juin à décembre, époque à laquelle les *anopheles* disparaissent pour faire place aux culex. La quinine préventive a donné d'excellents résultats qui devront être complétés par le jet de pétrole sur les moindres mares ou flaques d'eau. Les *anopheles* recueillis à Touggourt constituent une espèce nouvelle à laquelle on a donné le nom du Dr Chaudoye: *A. Chaudoyeï* (Theobald).

XXII. — *71 cas de méningo-encéphalopathies de nature grippale. (Leurs origines, leurs divisions, leur nature, leur traitement et leur terminaison)*, par le Dr Trouillet de Kairouan (régence de Tunis).

Dans ce travail, l'auteur passe d'abord en revue les publications importantes sur les troubles nerveux dans la grippe ; il expose ensuite les principales modalités cliniques qu'il a relevées, passe au diagnostic et à la pathogénie et consacre enfin un dernier chapitre aux indications thérapeutiques et au traitement.

Le Dr Trouillet rapporte à trois formes les troubles nerveux, ressortissant à la grippe, qu'il a observés (71 cas ayant entraîné 11 décès) : forme bénigne, forme de moyenne intensité et forme grave dans laquelle le malade accuse, non seulement une céphalée intense, une douleur à la nuque qui existe toujours comme dans les deux premières formes, mais le fait qui attire l'attention, c'est la raideur de tout l'axe spinal, qui transforme l'individu en une véritable barre rigide ; la face est pâle, le patient est dans le décubitus dorsal. Le plus souvent, des phénomènes d'excitation ouvrent la scène et on assiste à des crises épileptiformes ; il y a du délire, des contractures douloureuses, de la dysphagie, du strabisme, puis surgissent des phénomènes de paralysie et de dépression. L'aphasie, la paraplégie, l'hémiplégie s'observent fréquemment. Parfois le coma apparaît dès le début, pour persister jusqu'à la mort. Il n'est pas toujours facile de rattacher à la grippe tous ces troubles, d'autant que le système nerveux réagit toujours à peu près de la même manière contre les diverses infections. Il est cependant, d'après le Dr Trouillet, certains caractères qui permettent d'assurer le diagnostic ; ce sont, en ce qui concerne la grippe : la coexistence d'une épidémie, la brusquerie du début, l'absence d'antécédents morbides, la présence de l'albumine dans l'urine et l'augmentation de fréquence du pouls, qui est plutôt ralenti dans les autres phlegmasies méningo-encéphaliques.

XXIII. — *Le choléra asiatique à Luang-Prabang et dans le Haut-Laos en 1902*, par M. le Dr Bernard (Noël), médecin aide-major de 1re classe des troupes coloniales.

Notre confrère, après avoir passé sommairement en revue les us et coutumes des Laotiens au point de vue des personnes mortes de choléra, dont ils jettent les cadavres à la rivière, donne un aperçu des conditions sanitaires de la ville de Luang-Prabang, qui sont aussi déplorables que possible.

Les dernières grandes épidémies qui avaient sévi au Laos remontaient à 1874 et à 1890. L'année 1902 a été tout à fait anormale sous le rapport de la quantité d'eau tombée. On a été privé de ces averses torrentielles qui tombent parfois sans discontinuer pendant quarante-huit heures et qui balayent et rejettent dans le Mékong et ses affluents tous les détritus que l'insouciance des habitants laisse s'accumuler autour de leurs habitations.

Ce manque de pluies a eu également un retentissement sur le régime des eaux du Mékong, dont le niveau est resté très bas ; il en est résulté que l'épidémie, au lieu de suivre le cours de ce fleuve comme on l'observe habituellement, l'a au contraire remonté.

Les autorités laotiennes ont accusé un total de 2.541 décès cholériques, du 6 juin au 1er octobre, sur une population de

152.176 habitants. Dans moins de quatre mois, il serait donc mort un habitant sur 60.

XXIV. — *Statistique de la morbidité et de la mortalité dans les colonies françaises en 1902*, par le Dr Morel (Auguste-Désiré), médecin major de 1re classe des troupes coloniales.

M. le Dr Morel donne dans son travail des renseignements sur l'état sanitaire de nos différentes possessions d'outre-mer ; il indique pour chacune d'elles la morbidité et la mortalité par corps ou services, suivant qu'il s'agit d'européens ou d'indigènes, de civils ou de militaires. Il passe ensuite en revue la morbidité et la mortalité par groupes nosologiques et consacre un chapitre aux rapatriements. Ce travail très étendu, très consciencieux et très intéressant, ne peut être résumé ; il nous renseigne admirablement sur les affections auxquelles sont sujets les européens et les indigènes.

Il ressort de la statistique générale de la morbidité et de la mortalité qu'il a dressée à la fin de son rapport, après avoir établi celle de chaque colonie en particulier, qu'au 1er janvier 1902 il y avait en traitement dans les diverses formations sanitaires : 2.019 européens et 1.341 indigènes. Au cours de l'année 32.402 européens, soit 549,45 entrées p. 1.000 hommes d'effectif, et 17.515 indigènes ont été admis dans les hôpitaux. Les premiers ont fourni 721.368 journées d'hospitalisation, ce qui représente 1.232,17 journées p. 1.000 d'effectif et 1.145 décès, soit 19,41 p. 1.000. Les seconds ont donné 490.749 journées et 1.029 décès ; 4.280 convalescents ou malades, soit 72,67 p. 1.000 d'effectif, ont été rapatriés.

Il restait en traitement, au 31 décembre 1902 : 1.685 européens et 1.283 indigènes.

Il résulte de la comparaison, avec les trois années précédentes, que la morbidité et la mortalité, en 1902, ont été inférieures à celles de ces trois années.

Morbidité et mortalité par groupes nosologiques. — *Morbidité. Pour les européens*, c'est le *paludisme* qui a occasionné la plus forte morbidité, soit 216,01 entrées p. 1.000 hommes d'effectif ; les maladies endémiques, autres que le paludisme, ont donné 50,12 entrées p. 1.000 ; les maladies épidémiques, 29,59 p. 1.000 ; les maladies sporadiques, 124,53 p. 1.000.

Le plus grand nombre de journées de traitement est à mettre au compte des maladies sporadiques, soit 4.713,61 journées p. 1.000 hommes d'effectif ; le *paludisme* vient ensuite avec 3.079 journées p. 1.000 d'effectif ; les maladies épidémiques : 384,04 p. 1.000.

Mortalité. — C'est le *paludisme* qui a été, en 1902, le plus important facteur nosologique en occasionnant 6,84 décès p. 1.000 hommes d'effectif ; les maladies sporadiques viennent ensuite avec 5,31 décès p. 1.000 ; puis les maladies endémiques, autres que le paludisme, avec 3,06 p. 1.000 ; les maladies épidémiques avec 2,71 p. 1.000.

Pour les indigènes, les maladies sporadiques ont occasionné 4.711 entrées et 173.289 journées d'hospitalisation, le *paludisme* 3.737 entrées et 72.671 journées ; les autres maladies endémiques 1.104 entrées et 39.178 journées.

Les maladies sporadiques ont occasionné, chez les indigènes, 412 décès : le paludisme, 270 ; les autres affections endémiques, 169 ; les maladies épidémiques, 67.

RAPATRIEMENTS

C'est la légion étrangère qui a eu, relativement, le plus fort contingent de rapatriements en 1902, soit 221,90 rapatriements p. 1.000 hommes d'effectif ; puis viennent successivement, et en ordre décroissant : les disciplinaires, 200 rapatriés p. 1.000 ; les compagnies de conducteurs (cadres), 189,65 p. 1.000; l'artillerie coloniale, 182,50 p. 1.000; le génie, 181,38: les compagnies d'ouvriers (cadres), 144,98; l'infanterie coloniale, 139,13; la cavalerie indigène (cadres), 119,09; le gouvernement et les secrétariats généraux, 118,76; les tirailleurs indigènes (cadres), 117,61; la gendarmerie coloniale, 87,96; le service de santé, 83,87; les postes et télégraphes, 74,11; le commissariat, 65,63; les équipages de la flotte, 61,55; le trésor, 52,63; les douanes et régies, 51,01; la justice, 35,88; les travaux publics, 32,20.

Au point de vue des maladies ayant occasionné des rapatriements, c'est le *paludisme* qui vient en tête avec 35,68 rapatriements p. 1.000 hommes d'effectif; puis viennent les maladies sporadiques avec 13,83; les maladies endémiques, autres que le paludisme, avec 13,73.

Au point de vue des colonies, c'est la Guyane qui a la plus grande morbidité européenne; le Tonkin vient ensuite; puis, par ordre décroissant: la Cochinchine, Madagascar, le Congo, le Sénégal, la Réunion, le Soudan, la Nouvelle-Calédonie, Tahiti, la Martinique, la Guadeloupe, le Dahomey, la Guinée, Mayotte, l'Inde, le Cambodge, le Siam-Laos, Saint-Pierre-et-Miquelon. La plus forte mortalité européenne, en 1902, a été observée en Guyane: 86,97 personnes p. 1.000 d'effectif (épidémie de fièvre jaune); puis viennent: Mayotte, 37,50 décès p. 1.000: le Soudan, 20,76; la Cochinchine, 19,96; le Congo, 16,21; la Nouvelle-Calédonie, 12,97; la Guinée, 12,65; le Tonkin, 12,02; Madagascar, 10,52; le Sénégal, 9,44: le Dahomey, 8,35; la Martinique, 7,25; l'Inde, 6,36; Tahiti, 5,27; la Réunion, 5,34; le Cambodge-Siam-Laos, 3,80; Saint-Pierre-et-Miquelon, 1,75; la Guadeloupe, 1,12.

XXV. — *Assistance médicale indigène à Madagascar*, par M. le général Galliéni.

Depuis trois ans, le général Galliéni, gouverneur général de Madagascar fait parvenir chaque année à l'Académie les résultats obtenus depuis qu'il a créé l'assistance pour les indigènes dans la grande île. Le sujet nous a paru présenter le plus grand intérêt ; aussi avons-nous cru utile de résumer son fonctionnement avant et après la conquête.

Avant la prise de possession de Madagascar par la France, l'assistance médicale n'existait guère que dans la capitale, à Tananarive, où elle avait été organisée par les missions des différents cultes qui avaient fondé des hôpitaux, des maisons de secours et qui distribuaient à de très bas prix, des médicaments aux indigènes et leur donnaient des soins. Elles avaient également ouvert des léproseries, mais elles s'étaient plus préoccupées du but humanitaire à atteindre que de la prophylaxie de la lèpre ; aussi les lépreux n'étaient-ils pas isolés, ils pouvaient sortir de ces établissements et y entrer à leur gré.

Dès 1863, la « *London Missionary Society* » fonda à Tananarive un hôpital dans lequel elle formait des praticiens indigènes ; en 1865, les Norvégiens créèrent également à Andohalo un hôpital dans lequel on préparait aussi des élèves.

En 1885, Anglais et Norvégiens fusionnèrent en une Académie médicale et instituèrent une sorte d'école officielle de médecine qui délivrait des diplômes de médecin dont la validité était reconnue par le Gouvernement malgache qui, ne voulant pas rester en arrière, fonda aussi un hôpital où il forma également des médecins.

Toutes ces différentes fondations ne constituaient qu'un embryon d'assistance ; aussi le général Galliéni songea-t-il, dès son arrivée dans l'île, à organiser sur des bases nouvelles et à perfectionner, ce qui n'avait été qu'ébauché.

En 1896, il fonda une école de médecine où entrèrent les

anciens élèves des hôpitaux anglais et norvégiens ; les débuts furent des plus pénibles, les étudiants ne comprenaient que fort peu le français et quelques-uns pas du tout : aussi fallut-il recourir à des interprètes pendant les quatre premières années pour leur expliquer les cours. Ils n'avaient jamais pratiqué de dissections, ces opérations choquant leurs idées sur le culte dû aux morts, et ne se prêtaient que difficilement au service des salles de malades, ne faisaient pas de pansements, considérant ces besognes comme bonnes pour des esclaves.

Ces préjugés ont fini par disparaître et aujourd'hui les élèves ne répugnent plus à exécuter les travaux et les pansements que doit pratiquer tout étudiant en médecine.

La durée des études médicales est de cinq années ; les étudiants qui se présentent sont préparés par les missions ou par les écoles normales officielles ou privées et subissent, avant l'entrée, un examen probatoire qui porte plus spécialement sur les sciences naturelles.

A la fin de chaque année d'études, les élèves subissent un examen de passage ; en cas d'insuffisance, ils sont autorisés à redoubler et leur exclusion est prononcée à la suite de deux échecs au même examen.

Depuis l'époque de sa fondation jusqu'au 1er janvier 1903, l'école a délivré 89 diplômes de médecin dont 30 en 1902. Les élèves font le service dans un hôpital indigène de 140 lits et dans une maternité, conjointement avec des élèves sages-femmes, au nombre de 51 le 31 décembre 1902. Quarante-cinq diplômes ont été délivrés en 1902, soit à des élèves de l'école, soit à des sages-femmes de l'ancienne organisation que l'on a autorisées à concourir pour son obtention.

Un service de vaccination et de consultations gratuites est annexé à l'hôpital indigène, les médicaments prescrits sont délivrés gratuitement, séance tenante : l'importance de ce dernier service prend chaque jour de plus en plus d'extension.

Le premier noyau d'assistance établi à Tananarive, il s'agissait de l'étendre graduellement à toute l'île, mais une première difficulté se présenta tout d'abord ; les médecins formés à l'école ne se souciant nullement de quitter la capitale pour aller exercer dans les campagnes, il fallut créer un corps de médecins rétribués, dits de colonisation, qui se recrute au concours parmi les élèves diplômés de l'école de médecine. Ces médecins contractent l'engagement de servir pendant cinq années et ont une hiérarchie comprenant quatre classes dont la solde varie entre 1.500 et 2.500 francs. Ils ont pour mission d'assurer le service des hôpitaux indigènes, des consultations, des visites aux indigents, font des tournées de vaccination et sont chargés de répandre le plus possible dans les populations malgaches les notions d'hygiène et de salubrité auxquelles elles sont absolument étrangères. Ce rouage a été complété par l'augmentation du nombre de sages-femmes et par la création d'un corps de sages-femmes de colonisation.

Au 1er janvier 1903, le total des établissements de l'assistance médicale comprenait :

Une école de médecine,
Un institut Pasteur à Tananarive,
Un parc vaccinogène à Diégo-Suarez,
Vingt hôpitaux renfermant 1.300 lits, dont un pour vénériens,
Quatre léproseries abritant 1.200 lépreux et deux en construction,
Des postes médicaux.

Dans les provinces où il n'existe pas de formations sanitaires de l'assistance, les malades sont traités à charge de remboursement dans les hôpitaux coloniaux, à raison de 1 fr. 30 par jour et dans des établissements privés subventionnés qui comprennent : une maternité, deux hôpitaux et deux léproseries qui donnent actuellement asile à 900 lépreux.

L'organisation de l'assistance, quoique incomplète et laissant encore bien à désirer dans un grand nombre de provinces, surtout à la côte, existe partout et ne pourra que se perfectionner avec le temps ; les débuts étaient particulièrement difficiles, parce qu'il fallait vaincre la routine, lutter contre l'influence des sorciers et attirer à nous des populations méfiantes. Ces premières difficultés paraissent aujourd'hui définitivement vaincues si nous en jugeons par l'empressement des indigènes à entrer dans les hôpitaux et à fréquenter les consultations.

Rien n'a été négligé pour faire comprendre aux Malgaches la nécessité de se faire soigner par de vrais médecins et d'abandonner leurs coutumes empiriques. Des articles de journaux, des brochures écrites en un langage à la portée de tous et distribuées à profusion, des kabary (conférences) leur ont fait connaître le moyen d'échapper à certaines maladies évitables qui les décimaient.

Jusqu'au 1er janvier 1903, l'assistance médicale était alimentée par les budgets autonomes, alimentés eux-mêmes pour la plus grande part par une subvention du budget local, par une taxe dite des léproseries et par des dons volontaires qui constituaient une ressource importante. Pour des raisons que nous n'avons pas à apprécier ici, on a dû leur substituer un impôt unique dit d'assistance médicale, qui a été fixé à 3 francs par tête d'habitant.

Pour 1902, les budgets autonomes de l'assistance médicale sur le plateau central se sont chiffrés par 760.181 francs de recettes contre 746.791 francs de dépenses.

Le tableau ci-après donne les dépenses de ces budgets pour une période de trois années :

	fr.
1901	453.087
1902	746.741
1903 (Provisions pour)	759.769

Aux chiffres ci-dessus, il convient d'ajouter les dépenses faites pour l'assistance par le budget local et qui sont les suivantes :

	fr. c.
Assistance dans la ville de Tananarive	54.405 30
Dispensaire-Hôpital indigène-École de Médecine	113.820 00
Institut Pasteur	21.520 00
Maternité subventionnée	8.600 00
TOTAL	198.325 30

En résumé, le chiffre global des dépenses faites à divers titres, en 1902, pour l'assistance médicale sur le plateau central s'est élevé à 945.116 fr. 38.

A cet effort considérable demandé aux contribuables, correspondent comme nous le verrons plus loin, des résultats d'une importance capitale, au point de vue de l'avenir de la race malgache et de la colonisation.

L'hôpital indigène annexé à l'école de médecine a été agrandi, de nouvelles constructions et, entre autres, une salle d'opérations répondant aux exigences de la chirurgie moderne, ont été édifiées. Cet établissement hospitalier a abrité 1.274 malades au cours de 1902 ; les principales maladies qui ont motivé les entrées sont par ordre de fréquence : le *paludisme*, la *grippe*, la *pneumonie*. la *syphilis*, les *calculs vésicaux*, surtout chez les enfants, les *fractures*.

Les grandes et petites opérations pratiquées devant les élèves se sont élevées au chiffre de 132, dont 21 tailles abdominales pour calculs vésicaux.

Le nombre des décès survenus a été de 162.

Le service des consultations gratuites annexé à l'hôpital indigène, a enregistré 27.894 consultants et la valeur des médicaments délivrés gratuitement a été, au prix d'achat de France, de 5.000 francs environ.

L'institut Pasteur de Tananarive et le parc vaccinogène de Diégo-Suarez ont rendu des services considérables à l'œuvre de l'assistance médicale.

L'institut a expédié dans les provinces du plateau central 2.291 tubes de vaccin qui ont servi à pratiquer 130.752 vaccinations, avec un pourcentage de succès variant de 52 à 100 p. 100. Les semences sont passées de la génisse au lapin et du lapin à la génisse et le vaccin n'est livré qu'après que sa valeur a été expérimentée.

Le parc vaccinogène créé à Diégo-Suarez répondait à un réel besoin : alors que les vaccinations pratiquées sur le plateau central avec du vaccin de l'institut donnaient partout d'excellents résultats, il n'en était pas de même à la côte où les succès obtenus étaient extrêmement variables et parfois nuls, soit que le passage du vaccin de la température relativement basse des hauts plateaux à la température chaude et humide de la côte modifiât les qualités du virus, soit qu'il s'écoulât un temps beaucoup trop long entre la récolte et l'emploi du vaccin. Le parc a expédié aux différents points de la côte en 1902, assez de vaccin pour pratiquer 60.000 vaccinations ; les résultats obtenus ont varié entre 35 et 90 p. 100.

Le vaccin est expédié sous deux formes : broyé, en tubes effilés, ou non broyé et simplement mélangé à de la glycérine dans des tubes en doigts de gants d'une contenance de 1 à 3 centimètres cubes. Ce dernier mode d'envoi qui assure une meilleure conservation du virus, a donné un plus grand nombre de succès.

L'institut Pasteur, outre le service vaccinogène, comprend aussi ceux de la sérothérapie, des fermentations, des recherches ayant trait à l'élevage et enfin celui de la rage. Ce service prend de plus en plus d'importance et, s'il est une colonie où il était indispensable de prendre toutes les dispositions nécessaires pour instituer le traitement antirabique, c'est à coup sûr Madagascar où la rage constitue un véritable fléau. En 1902, le traitement antirabique a été suivi par 186 personnes dont 42 européens et 144 indigènes, venus de tous les points de l'île ; 4 ont succombé.

La rage évolue à Madagascar avec une rapidité surprenante et bien des cas ne sont pas traitables ; outre l'acharnement que mettent les animaux sauvages à déchirer leurs victimes, le virus semble exalté chez les chiens de la Grande-Ile. On observe des morsures pendant toute l'année, mais plus particulièrement en avril, juin et septembre ; beaucoup d'entre elles ont été produites dans les campagnes par des chiens sauvages.

Nous avons tracé plus haut les grandes lignes de l'assistance médicale dans notre nouvelle colonie ; mais il s'en faut qu'elle soit complète partout. Elle fonctionne naturellement mieux dans les régions pacifiées depuis longtemps, et au chef-lieu.

A Tananarive, l'assistance comprend :

1° Service de la statistique et de l'état civil européen et indigène.

2° Inspection médicale des enfants en bas âge et des femmes enceintes, dans les différents quartiers de la ville.

3° Fonctionnement du dispensaire municipal comprenant lui-même :

a) Consultation hebdomadaire pour les femmes enceintes, syphilitiques ou non et pour les enfants.

b) Visite des filles soumises.

c) Distribution des médicaments.

4° Service des désinfections des lieux contaminés.

Tous ces services sont assurés dans la capitale par un médecin européen et huit médecins indigènes dont deux sont pourvus du diplôme de docteur en médecine.

Aux modes d'assistance énumérés ci-dessus, il faut ajouter les œuvres particulières ci-après : hôpital norvégien d'Andohalo, maternité d'Isoraka (subventionnée), hôpital d'Ankadifotsy, deux cliniques privées.

Le nombre des consultations données au dispensaire a atteint le chiffre de 6.998 et a surtout porté sur des femmes enceintes ou ayant avorté un nombre considérable de fois, par suite de syphilis. Toutes ont reçu les médicaments nécessaires pour le traitement jusqu'à la consultation suivante et la plupart d'entre elles sont revenues à la consultation.

L'inspection des filles soumises a donné lieu, en 1902, à 8.516 visites ; 321 femmes reconnues malades ont été dirigées sur l'hôpital suburbain spécial d'Itaosy.

Le service de la désinfection a fonctionné dans d'excellentes conditions et la meilleure preuve de son utilité réside dans le peu d'extension des maladies contagieuses qui ont été jugulées sur place.

La maternité d'Isoraka a commencé à fonctionner en janvier 1901 et, au 31 décembre 1902, 687 femmes y avaient été admises pour faire leurs couches. D'octobre 1901 à septembre 1902, on a compté 346 accouchements ; sur ce nombre, 102 femmes étaient atteintes de syphilis avérée, 70 ont suivi le traitement spécifique complet, 64 ont accouché à terme d'enfants bien portants ; sur 32 femmes n'ayant pas suivi de traitement, il s'est produit 29 accouchements avant terme, d'enfants atteints de syphilis. Ces chiffres démontrent les résultats que l'on est en droit d'attendre du traitement spécifique chez les femmes grosses.

Les cliniques particulières ont été fréquentées par un nombre de malades bien plus grand qu'en 1901.

Citons enfin au nombre des œuvres d'assistance, la « *Société d'assistance et de protection des enfants métis* » qui s'est constituée à Tananarive le 20 juin 1900. Elle a pour but de secourir les enfants métis dans l'indigence, de leur assurer des soins médicaux en cas de maladie, et de leur donner autant que possible une éducation professionnelle. La protection de cette société, qui ne s'étend aujourd'hui que sur Tananarive et ses environs, compte 179 pupilles dont 40 sont dénués de toutes ressources. Son action est destinée à s'étendre dans les grands centres et sur la côte par la création de sections en voie de formation.

La société fonctionne au moyen des cotisations de ses membres et de dons volontaires ; la colonie lui a abandonné un immeuble destiné à servir d'école.

Telle est la manière dont l'assistance médicale est assurée dans la capitale; dans les provinces de Tananarive, de Manjakandriana, d'Ankazobé, de Miarinarivo, d'Antsirabé, d'Ambositra et de Fianarantsoa, elle fonctionne également, au moyen d'hôpitaux, de léproseries, de dispensaires. Nous nous arrêterons un instant sur son fonctionnement dans la dernière des provinces énumérées, Fianarantsoa, parce qu'elle y est très complète, malgré l'absence d'hôpitaux indigènes autonomes. Les malades sont hospitalisés dans l'ambulance coloniale, dans des salles spécialement aménagées pour recevoir hommes, femmes et enfants et assurer un service d'accouchements.

Le nombre des indigènes hospitalisés de cette manière, en 1902, a été de 1.197 dont 509 hommes et 688 femmes ou enfants. En dehors des consultations ordinaires, on a créé un service de consultations gynécologiques qui sont toujours précédées de conférences d'hygiène, dans lesquelles on fait ressortir aux femmes indigènes la nécessité, pour celles qui sont syphilitiques, de suivre un traitement spécifique, si elles désirent mener à terme leur grossesse et d'engager leurs maris malades à suivre leur exemple.

Le désir d'être mère est poussé très loin chez les malgaches; aussi ont-elles largement profité de ces conseils, non seulement pour elles, mais aussi pour leurs maris qu'elles ont menés maintes fois elles-mêmes à la consultation.

Dans la province de Fianarantsoa comme dans presque toutes les autres régions, les avortements reconnaissent pour causes principales : la *syphilis* et le *paludisme* ; aussi s'est-on attaché à combattre ces deux affections, et à propos du paludisme, le Dr Beigneux signale qu'il a employé la quinine à dose élevée chez des femmes enceintes, sans que cette médication ait provoqué d'avortements.

L'emploi de couveuses a eu pour effet de réduire considérablement la mortalité des enfants nés avant terme. On s'est aussi occupé spécialement des nourrissons au-dessous de 18 mois qui sont soumis à une surveillance constante. Ils sont divisés en deux catégories : 1° ceux qui sont allaités par leurs mères, 2° ceux qui sont élevés au biberon. Les premiers doivent être présentés chaque semaine à la visite, les seconds sont visités deux fois et, chaque jour, le dispensaire leur délivre la quantité de lait stérilisé nécessaire, après avoir fait procéder, séance tenante, au lavage et au nettoyage des biberons et des bouteilles. De plus, les nourrissons sont pesés en présence d'un médecin ou d'une sage-femme.

Toutes ces mesures ont eu pour résultat de diminuer la mortalité infantile; sur les 392 nourrissons soumis à la surveillance, il n'en est mort que 8, c'est-à-dire 20 p. 1.000, alors que ce chiffre s'élève à 200 p. 1.000 dans les districts où l'on ne s'occupe pas des enfants. La mortalité des enfants nourris au biberon a été de 60 p. 1.000, en augmentation de 40 sur ceux nourris au sein, malgré toutes les précautions prises.

On avait aussi songé à fonder dans la province des *orphelinats* et des *asiles*, mais ces créations ne sont pas pour le moment nécessaires. D'une part, les malgaches adoptent facilement les enfants étrangers et la vie est si facile dans la province, qu'ils se contentent d'une prime de 3 francs par mois pour les élever; d'autre part, les aliénés sont gardés chez leurs proches où ils sont entourés d'une sorte de vénération, considérés qu'ils sont, comme de pauvres déshérités sur lesquels sont venus fondre tous les maux de la famille. On prévoit cependant le moment où il sera indispensable de créer un asile, à moins que l'on n'arrive à opposer une barrière aux progrès toujours croissants de l'alcoolisme qui engendrera des fous dangereux qu'il faudra interner. Quant aux asiles de vieillards et d'incurables, leur création ne s'impose pas davantage sur le plateau central, le sentiment de l'hospitalité étant poussé très loin chez les indigènes.

Les provinces côtières sont moins bien partagées que les provinces du plateau central, au point de vue de l'assistance médicale, cependant, il n'en est pas une où les efforts les plus louables ne soient continuellement tentés pour assurer à leurs populations des secours médicaux. On n'a été arrêté, le plus souvent, que par les charges à faire supporter par les habitants; aussi l'assistance a-t-elle été proportionnée dans certaines régions aux ressources des indigènes.

Léproseries. — Au nombre des établissements d'assistance, il faut faire une mention spéciale pour les léproseries.

La lèpre existe à Madagascar depuis la plus haute antiquité; le Gouvernement malgache avait prévu depuis longtemps l'internement des lépreux dans des établissements spéciaux, mais cette mesure était peu à peu tombée en désuétude. Dès leur arrivée dans l'île, les missionnaires s'étaient bien préoccupés de recueillir les lépreux et de fonder quelques léproseries, mais le but poursuivi par eux était humanitaire, ils ne s'étaient nullement souciés de la prophylaxie. Les malades n'étaient pas isolés, ils sortaient à leur gré de l'établissement dans lequel on tolérait même leur cohabitation avec des gens sains. Il y avait certainement mieux à faire, aussi le général Galliéni s'empressa-t-il d'utiliser les anciennes léproseries, de les agrandir et d'en fonder de nouvelles; dans toutes, le régime est celui de l'internement. Les enfants issus de lépreux sont enlevés à leurs mères et placés dès leur naissance dans des orphelinats voisins des léproseries.

L'assistance médicale a isolé en 1902, dans ses léproseries et dans celles qu'elle subventionne, un total de 2.540 lépreux; or, pour le plateau central, on peut fixer approximativement leur nombre à un minimum de 4.200; il en reste donc 1.800 vivant dans leurs familles ou errant un peu partout. Les léproseries qui, selon toutes probabilités, seront achevées en 1903 ou au commencement de 1904, permettront de réduire ce nombre à 800 environ.

MALADIES LES PLUS RÉPANDUES ET LES PLUS MEURTRIÈRES A MADAGASCAR

Les maladies qui compromettent le plus l'avenir de la population malgache sont : *l'alcoolisme*, le *paludisme*, la *tuberculose* et les *maladies des voies respiratoires*, la *syphilis*, la *variole*, la *lèpre*.

Dès son arrivée dans l'île, le général Galliéni a organisé la lutte contre ces différentes affections.

Alcoolisme. — La répression de l'alcoolisme a été de tout temps l'objet de mesures exceptionnellement sévères ; sous le règne d'Andrinampoinimérina, l'ivresse publique était punie de mort ; après lui, on surveilla moins la fabrication de l'alcool et son importation, aussi l'alcoolisme se répandit-il très vite, surtout dans l'entourage du souverain et dans les classes aisées qui seules pouvaient se payer ce luxe, à cause du prix élevé de cette boisson. Peu à peu le gouvernement hova, justement ému des effets pernicieux de l'alcool, et poussé par les missionnaires, songea de nouveau à réprimer les excès ; aussi, en 1881, le code malgache réglementa-t-il la vente de l'alcool en même temps qu'il prévoyait des punitions pour l'ivresse. Lors de la prise de possession, l'administration n'eut qu'un souci : réprimer l'alcoolisme et pour cela réglementer la vente des boissons alcooliques ; elle a pris à cet effet divers arrêtés très restrictifs, le droit de consommation par hectolitre a été fixé à 220 francs, un contrôle hygiénique des boissons alcooliques importées dans la colonie a été institué, et défense a été faite aux indigènes de tenir des débits de boissons. Les différentes mesures administratives prises ont eu pour résultat de diminuer le nombre de ces débits qui, de 51 en 1889, est tombé à 31 à la fin de 1902.

Tuberculose et maladies des voies respiratoires. — L'occupation de Madagascar est encore de date trop récente pour qu'on soit fixé sur la fréquence de la tuberculose dans cette possession; elle paraît commune dans les villes, aussi a-t-on pris toutes les mesures nécessaires pour s'opposer à son extension. Les indigènes ont été prévenus par des articles de journaux et par des brochures, de la contagiosité de la maladie, de ses modes de propagation et des moyens de s'y soustraire.

Les maladies des voies respiratoires, bronchite, pneumonie, etc., sont fréquentes, les malgaches ne se couvrant pas assez quand vient la saison fraîche.

Paludisme. — Le paludisme est l'endémie qui cause la plus grande mortalité; au cours de l'année 1902, il s'est manifesté de véritables épidémies de cette affection dans certaines provinces, au début de la saison fraîche qui coïncide avec la fin de la saison des pluies, toutes les nombreuses vallées du plateau central étant alors transformées en véritables marais dans lesquels on cultive du riz. On a recherché dans quelles mesures l'on pouvait arriver, non à détruire tous les moustiques, ce qui est regardé comme impossible, tellement les marais sont nombreux, mais tout au moins à soustraire les indigènes à leurs piqûres; des conseils pratiques leur ont été donnés à ce sujet et on leur délivre de la quinine gratuitement.

Syphilis. — Il n'existe peut-être pas de colonie où les maladies vénériennes soient aussi communes par suite de la facilité des mœurs. Les malgaches se soucient peu de ces maladies et ne songent à se traiter que lorsque des accidents graves apparaissent; dès qu'ils ont disparu, ils cessent tout traitement, aussi les hérédo-syphilitiques sont-ils nombreux. Nous avons vu plus haut que le désir d'avoir des enfants poussait hommes et femmes à suivre un traitement spécifique, aussi ne faut-il pas désespérer de voir diminuer les ravages causés par la syphilis, d'autant que le malgache, supérieur en cela à l'européen, ne considère nullement cette affection comme une *maladie honteuse*, ce qui le fait moins hésiter à se rendre aux consultations.

Dans un pays comme Madagascar, on ne peut songer à réglementer la prostitution comme en Europe et à ouvrir des maisons de tolérance; elles resteraient sans clients, les femmes ne sachant refuser leurs faveurs. On ne pourra, par suite, arriver à un résultat qu'en moralisant les indigènes, en organisant la famille sur des bases solides et en continuant à éclairer les masses sur l'influence désastreuse qu'exerce la syphilis sur l'individu et sur sa descendance.

Les résultats obtenus dans la lutte contre la syphilis sont des plus encourageants, la mortalité a considérablement diminué dans les régions où les femmes enceintes syphilitiques sont soumises à un traitement spécifique.

Variole. — Jusqu'à l'occupation française, l'île était constamment ravagée par des épidémies de variole très meurtrières qui avaient préoccupé de tout temps les autorités malgaches, qui avaient toujours pris des mesures draconiennes contre les varioleux qui étaient isolés loin des habitations. Malgré les précautions prises, des villages entiers disparaissaient et la maladie n'a pu être enrayée qu'à la suite de la création d'un institut vaccinogène à Tananarive et d'un parc à Diégo-Suarez, qui ont fourni la quantité de vaccin nécessaire pour vacciner d'une façon intensive. En 1902, le nombre des vaccinations enregistrées s'est élevé à 150.156, mais ce chiffre a été certainement de beaucoup dépassé, car il n'a pas été tenu compte de nombreuses vaccinations pratiquées un peu partout.

Le résultat ne s'est pas fait attendre, la variole a à peu près disparu du plateau central et ne s'est manifestée dans les provinces côtières que par de petits foyers rapidement circonscrits. C'est incontestablement dans la lutte contre la variole que l'assistance médicale a gagné le plus de terrain.

Lèpre. — La lèpre, ainsi que nous l'avons déjà dit, existe depuis longtemps à Madagascar, et si elle n'occasionne pas une aussi grande mortalité que le paludisme, elle compromet beaucoup plus l'avenir de la race que les autres endémies. Ce que nous en avons déjà dit plus haut, à propos des léproseries, nous dispense de nous étendre davantage sur ce sujet.

Résultats obtenus par l'assistance médicale en 1902

Le résultat le plus palpable de l'assistance médicale s'est manifesté par une augmentation très sensible de la natalité et une diminution appréciable de la léthalité. Or, l'assistance, créée depuis moins de trois ans, est encore incomplète dans la plupart des provinces ; il y a donc lieu de prévoir des résultats encore plus favorables quand elle fonctionnera partout.

La lutte engagée contre les grandes endémies lui fournira également un sérieux appoint et ne pourra dans l'avenir que faire ressortir davantage ses bienfaits.

Le chiffre des dépenses occasionnées par l'assistance médicale, pour 1902, s'est élevé à plus d'un million de francs, qui a permis de délivrer des secours de la manière ci-après :

Nombre de malades hospitalisés	1.134
Nombre de lépreux internés dans les léproseries	2.540
Nombre des consultations avec délivrance de médicaments	749.485
Nombre des vaccinations enregistrées	150.156

Les modifications apportées aux services d'assistance en 1903 ont été les suivantes :

1° création d'un corps de sages-femmes dites de l'assistance médicale ;

2° centralisation de l'approvisionnement des médicaments nécessaires à toutes les formations de l'assistance dans un magasin central ;

3° retour au budget autonome de l'assistance, supprimé l'année précédente ;

4° modifications dans la délimitation des provinces du plateau central.

Parmi les résultats obtenus par l'assistance en 1903, il faut signaler tout particulièrement la disparition à peu près complète de la *variole*, grâce aux vaccinations et revaccinations intensives pratiquées dans la Grande île et la diminution considérable du nombre des *chiques* (*Pulex penetrans*), dont les indigènes ont appris à se débarrasser et qui causait parmi les travailleurs un grand nombre de journées d'invalidations.

Les dépenses occasionnées par l'assistance médicale indigène en 1903 se sont élevées à 1.019.042 francs et ont permis d'hospitaliser 16.788 personnes et d'interner 3.079 lépreux. Les consultations avec délivrance gratuite de médicaments ont atteint le chiffre de 1.023.425. Ces résultats sont des plus encourageants pour le général Galliéni, que nous ne pouvons qu'engager à persévérer dans la voie dans laquelle il est entré et qui est la meilleure pour attirer à nous les indigènes.

QUATRIÈME PARTIE

Propositions de récompenses (1)

Médaille d'or.

M. le général Galliéni, gouverneur général de Madagascar, pour ses *Rapports sur l'assistance médicale indigène à Madagascar.*

Rappels de médailles d'or.

M. le Dr Bertin à Nantes : *Étude sur la situation sanitaire de l'arrondissement de Nantes pendant l'année 1903 ;*

M. le Dr Blanquinque, à Laon : *Fièvre typhoïde et eaux potables ; les eaux de Laon ;*

(1) Ces récompenses ont été accordées par arrêté de M. le président du Conseil, ministre de l'Intérieur et des Cultes du 10 décembre 1904 et publiées au *Journal officiel de la République française* du 20 décembre 1904.

M. le Dr CAMUS (Fernand), médecin principal de 2e classe de l'armée à Saint-Mihiel : *Topographie médicale, nosologie et hygiène militaires ;*

M. le Dr CHABENAT, à La Châtre : *Rapport sur les épidémies de l'arrondissement de La Châtre pendant l'année 1903 ;*

M. le Dr PENNETIER, à Rouen : *Rapport sur les épidémies de l'arrondissement de Rouen pendant l'année 1902.*

Médailles de vermeil.

M. le Dr BAUDIN (L.), médecin directeur du bureau d'hygiène, à Besançon : *Une petite épidémie de villages (Nancray et Saône). Comment on défend les eaux d'alimentation d'une grande ville. Le rôle des laiteries-fromageries de la région dans la genèse et la propagation des épidémies typhoïdes ;*

M. le Dr BILLET, médecin-major de 1re classe à l'hôpital militaire de Constantine. *Le paludisme à forme typhoïde ;*

M. le Dr PIC, professeur à la faculté de médecine de Lyon : *Épidémies de la ville de Lyon.*

Rappels de médailles de vermeil.

M. le Dr BOQUIN, à Autun : *Rapport sur les épidémies de l'arrondissement d'Autun pendant l'année 1903 ;*

M. le Dr FICATIER, à Bar-le-Duc : *Rapport sur les épidémies de l'arrondissement de Bar-le-Duc pendant l'année 1903 ;*

M. le Dr Gorez, à Lille : *Rapport sur les épidémies de l'arrondissement de Lille pendant l'année 1903 ;*

M. le Dr Vergely, à Bordeaux : *Rapport sur les épidémies du département de la Gironde pendant l'année 1903.*

Médailles d'argent.

M. le Dr Astros (d'), professeur à l'école de médecine à Marseille : *Petite épidémie de peste observée dans la banlieue de Marseille en septembre 1903 ;*

M. le Dr Caron, à Dieppe : *Rapport sur les épidémies de l'arrondissement de Dieppe pendant l'année 1903 ;*

M. le Dr Colin, à Quimper : *Rapport sur les épidémies de l'arrondissement de Quimper pendant l'année 1903 ;*

M. le Dr Conor, médecin-major de 2e classe attaché à la direction du service de santé du 3e corps d'armée, à Rouen : *La fièvre typhoïde et ses conditions étiologiques dans le 3e corps d'armée. — Épidémie de fièvre typhoïde dans la garnison de Rouen en 1903 ;*

M. le Dr Gagnière, à Saint-Chef (Isère) : *Meurtrière épidémie de rougeole avec complications pathologiques anormales. — Rapport sur la scarlatine et la fièvre typhoïde ;*

M. le Dr Grimaldi, à Marseille : *Petite épidémie de peste dans la banlieue de Marseille ;*

M. le Dr Leray, à Rennes : *Rapport sur les épidémies du département d'Ille-et-Vilaine pendant l'année 1903 ;*

M. le Dr Moreau (René), à Sens : *Rapport sur les épidémies de l'arrondissement de Sens pendant l'année 1903;*

M. le Dr Morel, médecin-major de 1re classe des troupes coloniales : *Statistique de la morbidité et de la mortalité dans les colonies françaises pendant l'année 1902;*

M. le Dr Saint-Martin, médecin-major de 2e classe au 150e régiment d'infanterie, à Verdun : *Étude sur une épidémie de fièvre typhoïde d'origine hydrique dans la garnison de Verdun.*

Rappels de médailles d'argent.

M. le Dr Cassedebat, médecin-major de 1re classe au 33e régiment d'artillerie, à Toulouse : *Notes sur les maladies épidémiques observées dans ce régiment;*

M. le Dr Cavaillon, à Carpentras : *Rapport sur l'épidémie de variole de Carpentras (1902-1903);*

M. le Dr Desgranges, à Marchenoir (Loir-et-Cher) : *Étiologie, traitement et prophylaxie de la fièvre typhoïde;*

M. le Dr Frottier, au Havre : *Rapport sur les épidémies de l'arrondissement du Havre pendant l'année 1903;*

M. le Dr Hublé, médecin-major de 1re classe à l'hôpital militaire Saint-Martin, à Paris : *Étude épidémiologique de la garnison de Montélimar;*

M. le Dr Joly, médecin-major de 1re classe au 94e régiment d'infanterie, à Bar-le-Duc: *La rougeole au 94ᵉ régiment d'infanterie en 1902-1903-1904;*

M. le Dʳ Trouillet, à Kairouan (Tunisie): *Soixante et onze cas de méningo-encéphalopathies de nature grippale (leurs origines, leurs divisions, leur nature, leur traitement et leur terminaison).*

Médailles de bronze.

M. le Dʳ Benoit, médecin-major de 2ᵉ classe à l'hôpital militaire de Blida: *Une épidémie de peste à Blida en 1903;*

M. le Dʳ Bernard, médecin aide-major de 1ʳᵉ classe des troupes coloniales: *Relation d'une épidémie de choléra à Luang-Prabang et dans le haut Laos en 1902;*

M. le Dʳ Chaudoye, médecin aide-major de 1ʳᵉ classe au 3ᵉ régiment de chasseurs d'Afrique, à Constantine: *Le paludisme à Touggourt (Algérie) en 1902;*

M. le Dʳ Dupuy, médecin sanitaire maritime, à Marseille: *Navires et moustiques;*

M. le Dʳ Ginestous, à Bordeaux: *L'ophtalmie granuleuse à Bordeaux;*

M. le Dʳ Moinet, médecin-major de 2ᵉ classe, attaché à la direction du service de santé du 9ᵉ corps d'armée, à Tours: *La rougeole et la scarlatine dans le 9ᵉ corps d'armée, au cours des cinq dernières années (1899-1903).*

Rappels de médailles de bronze.

M. le Dr Decouvelaëre, à Hazebrouck: *Rapport annuel sur l'état sanitaire de l'arrondissement d'Hazebrouck et les épidémies qui y ont sévi pendant l'année 1902;*

M. le Dr Lecoq, à Cany (Seine-inférieure): *Rapport sur les épidémies de l'arrondissement d'Yvetot pendant l'année 1903;*

M. le Dr Levassort, à Mortagne: *Épidémie de diphtérie dans la commune de Parfondeval (Orne);*

M. le Dr Mougin, à Vitry-le-François: *Les épidémies dans la ville de Vitry-le-François et dans son arrondissement;*

M. Andrieu, vétérinaire à Beauvais: *Rapport général sur le service vétérinaire sanitaire dans le département de l'Oise pendant l'année 1903.*

MELUN. IMPRIMERIE ADMINISTRATIVE. — M 549 V

www.ingramcontent.com/pod-product-compliance
Ingram Content Group UK Ltd.
Pitfield, Milton Keynes, MK11 3LW, UK
UKHW020351230726
13925UKWH00003B/1061